W0179601

Taschen-Glück

Ruth Laing

Taschen-Glück

Impressum

ISBN 978-3-572-08056-4

© 2012 by Bassermann Inspiration,
einem Unternehmen der
Verlagsgruppe Random House GmbH,
81673 München

Die Verwertung der Texte und Bilder, auch
auszugsweise, ist ohne die Zustimmung
des Verlags urheberrechtswidrig und straf-
bar. Dies gilt auch für Vervielfältigungen,
Übersetzungen, Mikroverfilmung und für
die Verarbeitung mit elektronischen
Systemen.

Die Modelle in diesem Buch dürfen ohne
Genehmigung der Autorin nicht für den
Verkauf nachgearbeitet werden.

Projektkoordination dieser Ausgabe:
Dr. Iris Hahner
Modelle und Zeichnungen: Ruth Laing
Zeichnung Schnittmustervorlagen:
Martin Schulze, Nomade Design, Berlin
Fotos: Markus Bassler, moondog studio
Umschlaggestaltung: schwecke.mueller
Werbeagentur GmbH, München
Layout und Satz: Ulrike Sindlinger, Berlin
Redaktion und Producing:
berliner buch.macher

Die Informationen in diesem Buch sind
von Autor und Verlag sorgfältig erwogen
und geprüft, dennoch kann eine Garantie
nicht übernommen werden. Eine Haftung
der Autorin bzw. des Verlags und seiner
Beauftragten für Personen-, Sach- und
Vermögensschäden ist ausgeschlossen.

Das für dieses Buch verwendete
FSC®-zertifizierte Papier *LuxoArt samt*
liefert Papyrus, Deutschland

Druck und Bindung: Neografia, a.s., Martin

Printed in Slovakia

817 2635 4453 62

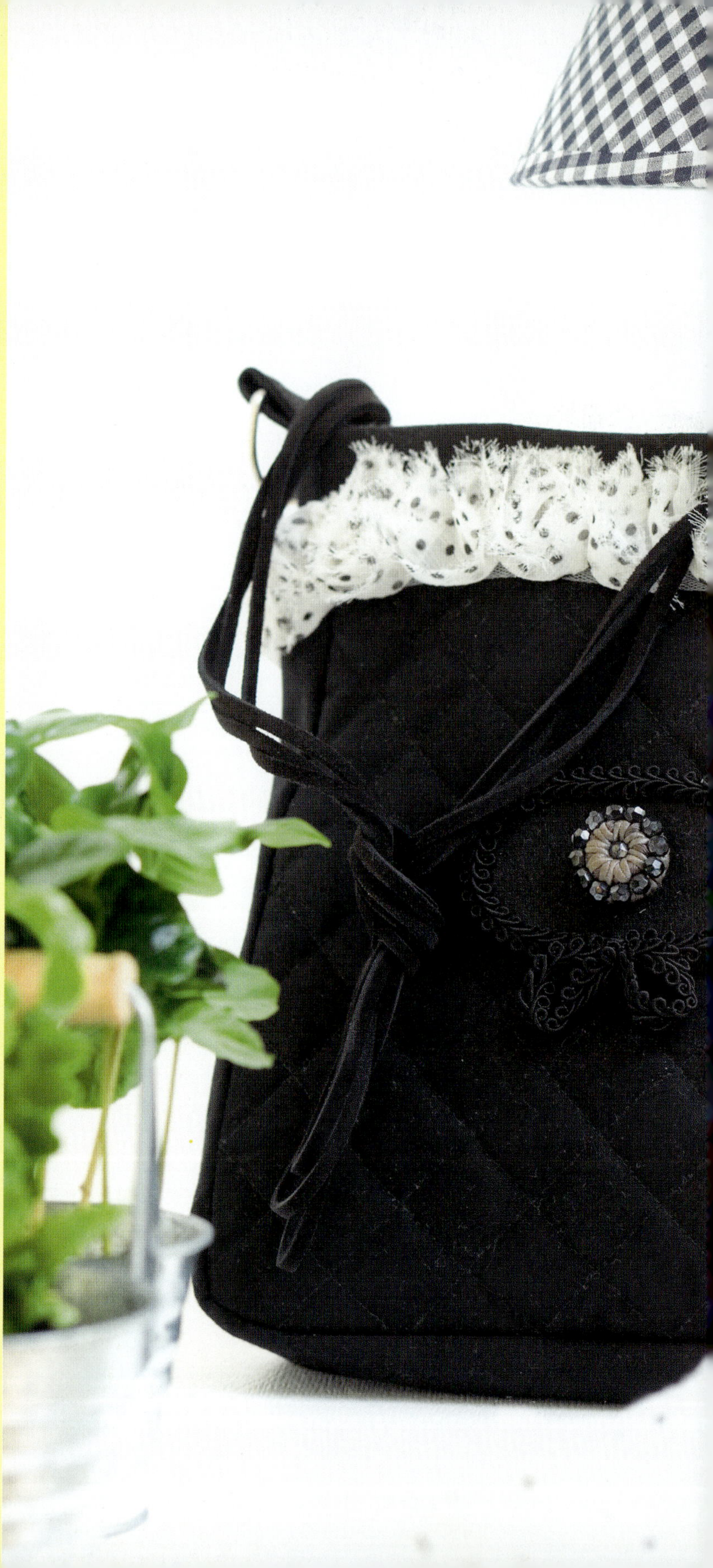

Inhalt

Vorwort

Fast jede Frau kennt das: Man braucht eine neue Tasche, doch das Modell, das man sucht, lässt sich in der gewünschten Farbe oder Form nicht finden oder ist viel zu teuer. Beides kein Problem, denn in diesem Buch haben Sie 20 aparte Modelle zur Auswahl. Ach, die Farbe stimmt nicht? Dann wählen Sie doch einfach einen anders gemusterten Stoff, ein verschiedenfarbiges Wachstuch oder greifen gar zu Filz und Leder.

Taschen bieten nicht nur Stauraum, sie sind auch Ausdruck des persönlichen Geschmacks. Gleich ob groß oder klein, breit oder schmal, dezent oder farbenprächtig – dieses Buch stellt 20 topaktuelle Taschenmodelle zum Selbstnähen vor. Die »Modells« sind stets belastbar, aufnahmefähig und immer ein Hingucker. Was wollen wir Frauen mehr?

Eine Tasche kann entscheidend sein für Top oder Flop eines Outfits. Gestalten Sie daher Ihr Outfit doch selbst. Wählen Sie Ihren Taschentyp und verleihen diesem mit Material und Design einen persönlichen Touch. Gleich ob Sie etwas brauchen, das zum lockeren Alltagslook passt, für eine Abendgarderobe geeignet oder praktisch für eine Tour durch die Stadt und zum Einkaufen ist.

Genießen Sie es in Accessoires zu schwelgen, die sie entweder selbst fertigen oder vorgefertigt anbringen. Entdecken Sie Ihre Freiheit und Ihren Spaß, selbst Ihr Traummodell zu gestalten und umzusetzen.

Eine Tasche herzustellen ist einfacher, als man denkt. Dieses Taschenbuch bietet leicht nachvollziehbare, schrittweise Anleitungen mit verständlichen Zeichnungen und vielen Detailfotos. Anschauliche Nähtechniken und viele praktische Tipps für unterschiedliche Materialien runden diesen Fundus für Ihre eigenen Lieblingstaschen ab. Worauf warten Sie also noch?

Viel Spaß beim Fertigen Ihrer eigenen Kollektion!

Ruth Laing

Allgemeine Hinweise

Wie bei jeder künstlerischen oder handwerklichen Tätigkeit sind auch beim Nähen das Werkzeug und die Beherrschung der grundlegenden Techniken wichtig für den Erfolg. Lesen Sie daher die folgenden Seiten in Ruhe, es zahlt sich aus.

Werkzeug & Co.

Um eine Tasche herzustellen, sind keine besonderen Nähutensilien notwendig. Folgende Arbeitsmaterialien reichen hierfür für jedes Modell in der Regel aus.

Was Sie immer brauchen:
- Nähmaschine
- Bügeleisen
- scharfe Stoffschere
- Maßband
- größeres Geodreieck
- Stecknadeln
- Nähnadeln
- Nähgarn
- Bleistift

Der Rubrik »Material« können Sie bei jeder Nähanleitung entnehmen, welche Stoffe, Accessoires und Material Sie zusätzlich zur Herstellung des Modells benötigen.

Aufgepasst: Alle Schnittmuster und Maßangaben in den Anleitungen enthalten 1 cm Nahtzugabe, d.h., alle Nähte werden 1 cm breit zusammengenäht, außer es wird anders erwähnt.

Schnittmuster – der Guide für die Größe

Auf den Seiten 88–95 finden Sie einige Schnittmuster, wobei ich versucht habe, weitgehend ohne Schnittmuster auszukommen. Meist genügt es, die Maße für ein rechteckiges Schnittteil zu wissen. Dieses lässt sich mit einem runden Gegenstand an den Ecken abrunden, denn in den meisten Fällen ist der exakte Kurvenverlauf an den unteren Taschenkanten für den Look der Tasche nicht entscheidend. Das erspart Ihnen das lästige Abpausen von Schnittmustern oder auch den Weg zum Copyshop, um dort einzelne Schnittteile zu vergrößern oder zu verkleinern. Dennoch: Ganz ohne Schnittmuster geht es dann doch nicht.

Ist für die Fertigung ein Schnittmuster notwendig, dann übertragen Sie den Schnitt mit Papier auf den Stoff. Hierfür mit transparentem Papier den Schnitt aus dem Buch kopieren, mit Stecknadeln auf den Stoff stecken, Konturen mit Kreide nachzeichnen und den Stoff entsprechend zuschneiden. Bei einigen Modellen empfiehlt sich auch das Beschriften der Teile.

Der passende Stoff

Für die meisten Taschen werden nur kleine Stoffstücke benötigt, hier reichen Reste aus. Da es Stoffe, Wachstuch und Filz in den unterschiedlichsten Breiten gibt, ist eine exakte Verbrauchsangabe schwierig. Haben Sie beispielsweise einen unifarbenen Stoff gewählt, können Sie das Schnittmuster platzsparender auflegen als auf einen bedruckten Stoff, der am Musterverlauf ausgerichtet werden muss.

Es empfiehlt sich daher, das Schnittmuster zum Stoffeinkauf mitzunehmen und dort festzulegen, wie viel Stoff tatsächlich benötigt wird. Bitte beachten Sie die Beschriftung der Schnittmuster, einige Schnittteile werden zweimal benötigt.

Der passende Schnitt

Der Rubrik »Zuschnitt« entnehmen Sie alle Informationen für den Zuschnitt des Taschenmodells. Es sind alle benötigten Schnittteile aufgelistet und mit dem Zusatz »Schnittmuster« oder konkreten Maßangaben versehen.

Da alle Schnittmuster und Maßangaben bereits 1 cm Nahtzugabe enthalten, kann der abgepauste Papierschnitt mit Nadeln auf dem Stoff festgesteckt und das Stoffstück entlang der äußeren Kanten zugeschnitten werden.

Versäubern

Damit die Schnittteile aus Stoff nicht ausfransen, sollten sie versäubert werden. Versäubern bezeichnet das Umstechen von fertig zugeschnittenen Schnittteilen mit einem Zickzack- oder einem speziellen Versäuberungsstich. Dadurch wird verhindert, dass die Schnittteile beim Nähen oder beim Tragen »ausfransen«. An Kanten, die bei der späteren Verarbeitung mit Bändern eingefasst oder verstürzt werden, ist ein Versäubern nicht notwendig. Wird eine Tasche gefüttert, können Sie auf das Versäubern der Schnittteile verzichten. In den folgenden Nähanleitungen wird davon ausgegangen, dass alle sichtbaren Kanten versäubert werden.

Bügeln

Um ein genähtes Teil perfekt aussehen zu lassen, ist es notwendig, jede Naht nach jedem Arbeitsgang sorgfältig auseinanderzubügeln. Ein unverzichtbarer Arbeitsgang. Achten Sie auf die richtige Bügeltemperatur und verwenden Sie bei empfindlichen Stoffen ein Bügeltuch. Leder, Kunstleder und Wachstuch lassen sich nur bedingt bügeln, daher unbedingt eine Bügelprobe mit einem Bügeltuch durchführen. Sollte das Bügeln nicht möglich sein, die Nähte mit dem Fingernagel oder der Schere glattstreichen.

Zeichnungen und Detailfotos

Jedes Modell hat seinen großen Auftritt mit einem entsprechend großen Foto. Detailfotos veranschaulichen einige Details der Tasche. Die leicht nachvollziehbaren Anleitungsschritte werden durch Zeichnungen veranschaulicht.

Aufgepasst: Die rechte Stoffseite wird in den Zeichnungen durch eine dunklere Farbe gekennzeichnet.

Verschiedene Materialien

Taschen lassen sich aus unterschiedlichen Materialien nähen. Neben traditionellen Baumwollstoffen enthält dieses Buch auch Modelle aus Wachstuch und Filz, wobei das Material variiert werden kann, denn eine Tasche aus einem beschichteten Material lässt sich auch aus Baumwolle fertigen und andersherum.

Nicht alle Stoffe sind ohne Verstärkung mit Vlieseline für Taschen nutzbar. Sehr dünne Stoffe eignen sich nicht für größere Einkaufstaschen, die robust und belastbar sein müssen. Ein kleines Federmäppchen wiederum lässt sich nicht aus einem dicken Brokatstoff nähen. Überlegen Sie daher zunächst, was die Tasche »aushalten« soll, und stimmen Sie dann das Material entsprechend ab. In den meisten Fällen genügt es jedoch, wenn Sie einen dünnen Stoff mit Vlieseline verstärken.

Wachstuch/Leder

Die gummierte Beschichtung von Wachstuchen führt dazu, dass das Material vom Nähmaschinenfuß nicht reibungslos und gleichmäßig transportiert wird. Versuchen Sie es mit einem speziellen Teflon- oder Lederfuß, das stoppt auf gummiartigen Untergründen nicht, sondern gleitet darüber hinweg und kann den Stofftransport verbessern. Das Einsetzen einer Ledernadel kann ebenso hilfreich sein wie ein dünnes Stück Papier zwischen dem Nähgut und dem Transporteur der Nähmaschine. Wird das Material schlecht transportiert, vermeiden Sie am besten sichtbare Steppnähte, da solche »Ziernähte« nicht immer das fertige Modell schmücken!

Das Bügeln sollte nur mit einem Bügeltuch und geringer Bügeltemperatur erfolgen. Ledernähte werden mit einem kleinen Hämmerchen flach geschlagen und mit einem speziellen Lederkleber festgeklebt.

Vlieseline/Volumenvlies

Vlieseline ist ein anderer Begriff für Einlage. Sie empfiehlt sich vor allem zur Verstärkung von dünnen Stoffen und verhindert bei nicht gefütterten Modellen das Ausfransen der Nahtzugaben. Sie wird auf der linken Stoffseite aufgebügelt (Herstellerangaben beachten). Die Auswahl an verschiedenen Einlagen ist groß. Stimmen Sie die Art auf Ihren Stoff ab und lassen Sie sich gegebenenfalls im Stoffgeschäft oder in der Stoffabteilung des Kaufhauses beraten.

Einige Modelle werden, um der Tasche eine gewisse Stabilität zu verleihen, mit Volumenvlies gearbeitet. Dieses wird auf der linken Seite aufgebügelt oder aufgenäht und von der rechten Stoffseite diagonal abgesteppt. Wem das zu aufwändig ist, kann die linke Stoffseite eines dünnen Stoffes auch mit Vlieseline verstärken.

Tipps und Tricks

Links auf Links/Rechts auf Rechts

Jeder Stoff hat eine rechte und eine linke Warenseite. Die rechte Warenseite ist die Stoffseite,
die nach dem Nähen von außen sichtbar ist, also
die Außenseite. Die linke Warenseite ist die Innenseite. In den folgenden Nähanleitungen wird
häufig der Begriff »rechts auf rechts« benutzt.
Hier werden also zwei Schnittteile so aufeinander-
gelegt, dass die beiden rechten Stoffseiten (später
die Außenseiten) aufeinanderliegen, um von der
linken Stoffseite (später Innenseite) her aufein-
andergesteppt zu werden.

Kanten einfassen

Vorgefalztes Schrägband: Zum Einfassen von
Kanten gibt es zwei Methoden. Sie können vorgefalztes Schrägband nehmen, dieses aufklappen,
mit Nadeln rechts auf rechts an die Schnittkante
stecken und innerhalb der Bruchlinie festnähen.
Bandanfang und -ende nach links einschlagen
und den Stoffstreifen um die Kante legen. Von
Hand oder mit der Maschine festnähen.

Geübte Näherinnen hingegen schieben das vorgefalzte Schrägband über die offene Schnittkante
(die breite Seite liegt unten) und steppen es von
oben fest.

Schrägband selbst fertigen: Sie können sich aus
Stoffresten auch selbst ein Schrägband zuschneiden (3,5 bis 4 cm breit/schräger Fadenlauf) und
gemäß der Abbildung verarbeiten. Das Schrägband hierfür rechts auf rechts auf das Schnittteil
steppen (7 mm bis 1 cm Nahtbreite) und dann um
die offene Kante legen. Dann das Band an der
Rückseite nach links einschlagen und von Hand
festnähen oder mit der Maschine feststeppen.

Alle Rundungen müssen bis zur Nahtlinie einge-
schnitten werden, die Nahtzugabe darf jedoch
nicht zurückgeschnitten werden. Es empfiehlt sich
bei Rundungen, das Band vor dem Aufnähen bereits in Form zu bügeln.

Aufgepasst: Achten Sie darauf, dass die breite
Seite des Schrägbandes immer unten liegt und
beim Nähen mitgefasst wird.

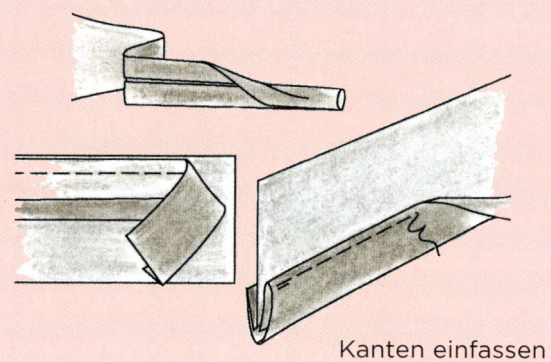

Kanten einfassen

Bänder verstürzen

Stoffstreifen von 4 cm Breite eignen sich für zu
verstürzende Bänder. Falten Sie das Band rechts
auf rechts und steppen Sie die Kanten dann über
die ganze Länge aufeinander (Nahtbreite 1 cm).
Schneiden Sie die Nahtzugaben knappkantig
zurück und wenden Sie das Band mit einer dicken
Stoffnadel (siehe Abb.). Nach dem Wenden wird
das Band gebügelt. Anfang und Ende können vor
dem Steppen bereits nach links umgeschlagen
werden. Einfacher ist es, die Kanten nach dem
Wenden nach innen einzuschlagen und von Hand
festzunähen.

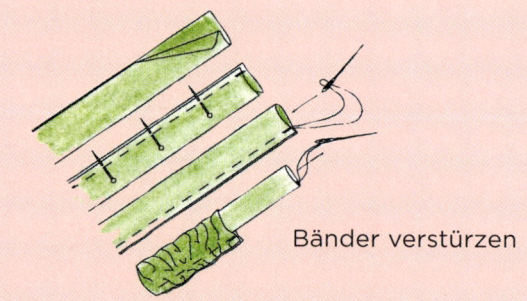

Bänder verstürzen

Patchworktasche

Maße
26 cm x 42 cm

Der Stoff macht's! Hier wurde ein farbenfroher Stoffmix verwendet, ein edler schwarzer oder bestickter Stoff würde die Tasche zu einer schicken Abendtasche umfunktionieren! Ob zum kleinen Einkauf oder als »geräumige« Abendtasche, dieses Modell ist ein treuer Begleiter!

Material

Baumwollstoff
Baumwollfutter
feste Vlieseline
Karabinerhaken 3–4 cm
Metallring ø ca. 2,5 cm

Zuschnitt

aus Baumwollstoff, Futter und Vlieseline
- oberes Taschenteil
  2-mal (Schnittmuster S. 88)
- mittleres Taschenteil
  2-mal 46 cm x 13 cm
- unteres Taschenteil
  2-mal 46 cm x 12 cm
- Taschenboden
  1-mal (Schnittmuster S. 88)

Tragegriffe
2-mal 8 cm x 35 cm
Schulterriemen
2-mal 10 cm x 1,30 m
Stoffschlaufe für Karabinerhaken
1-mal 5 cm x 12 cm
Stoffschlaufe für Metallring
1-mal 5 cm x 6 cm
Stoffreste für Blume

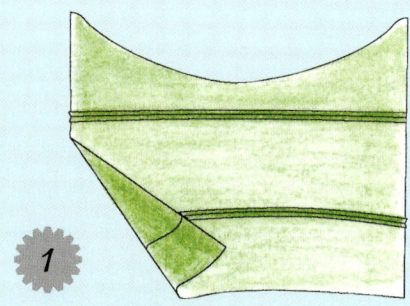

So wird's gemacht

1. Auf alle Schnittteile aus Stoff Vlieseline aufbügeln. Die Teilungsnähte an Vorder- und Rückseite der Tasche steppen, Nahtzugaben auseinanderbügeln. (Abb. 1)

2. Vorder- und Rückseite der Tasche rechts auf rechts aufeinanderstecken, die Teilungsnähte liegen dabei exakt übereinander. Die Seitennähte zusammennähen und Nahtzugaben auseinanderbügeln. (Abb. 2)

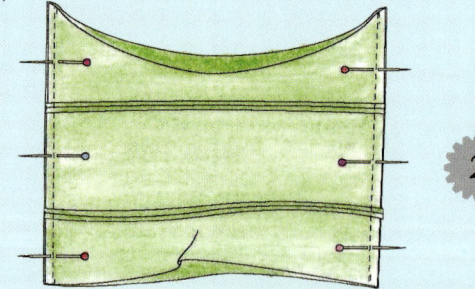

Gewusst wie

Diese Tasche wird aus vielen Stoffresten genäht. Damit die Nähte
später nicht sichtbar sind, wird die
Tasche gefüttert. Durch das Aufbügeln von Vlieseline erhält sie eine
bessere Standfestigkeit.

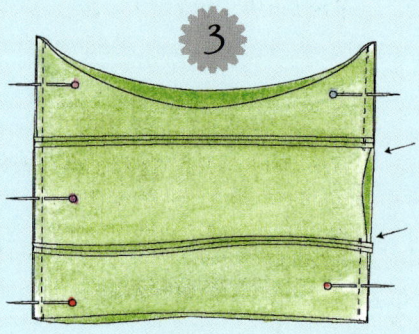

3. Für die Futtertasche ebenso verfahren und an einer Seite eine 15 cm breite
Wendeöffnung lassen. (Abb. 3)

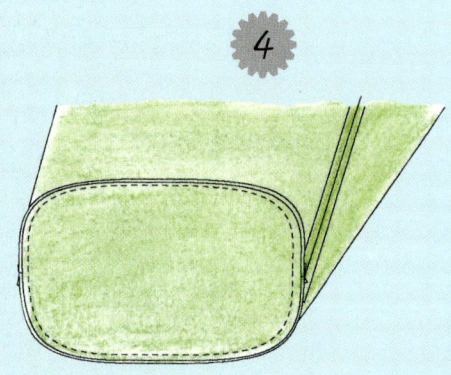

4. Anschließend den Boden rechts
auf rechts an die beiden Taschenhälften
steppen. Nahtzugaben an den Boden
bügeln. (Abb. 4) Bei der Futtertasche
genauso verfahren.

Aufgepasst: Das Annähen eines geraden Schnittteils an ein rundes, wie
das Taschenteil an einen Taschenboden, ist durchaus eine Herausforderung.
Kleine Unregelmäßigkeiten beim Zuschneiden oder beim Zusammennähen
der Seitennähte und schon passt das Seitenteil nicht mehr exakt an das
Bodenteil. Messen Sie daher die Teile vor dem Zusammennähen nochmals
aus und korrigieren Sie gegebenenfalls.

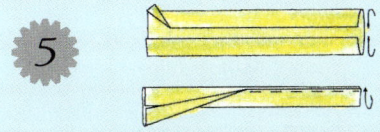

5. Für alle Schlaufen, Griffe und Trageriemen jeweils die langen Seiten 1 cm nach links umbügeln, anschließend zur Hälfte falten und knappkantig absteppen. (Abb. 5)

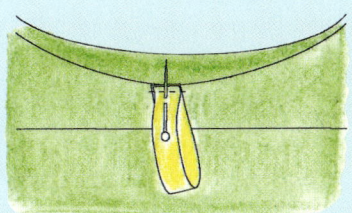

6. Den Karabinerhaken durch den Stoff-streifen ziehen, zur Hälfte falten und mittig an eine Taschenaußenseite steppen (Nahtbreite 0,3 mm). (Abb. 6)

7. Die Tasche aus Oberstoff und die Futtertasche rechts auf rechts übereinanderziehen und die Kanten ringsum aufeinandersteppen. (Abb. 7) Die Nahtzugaben knappkantig zurückschneiden, die Rundungen vorsichtig bis zur Nahtlinie einschneiden. Die Tasche durch die Wendeöffnung wenden. Schließen Sie die Öffnung mit kleinen Handstichen. Die Kanten bügeln.

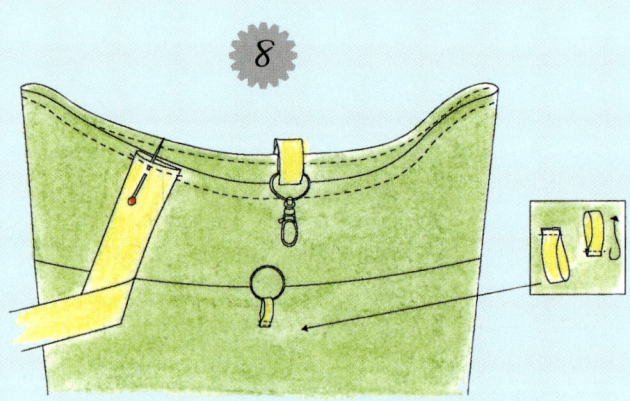

8. Die Tragegriffe auf beiden Seiten 14 cm von den Seitennähten entfernt annähen. Steppen Sie dazu die Bänder mit der Außenseite füßchenbreit 1,5 cm von der oberen Kante entfernt fest. Schlagen Sie das Band nach oben und steppen Sie es nochmals von der Vorderseite so fest, dass die Nahtzugaben zwischen den beiden Steppnähten liegen. (Abb. 8)

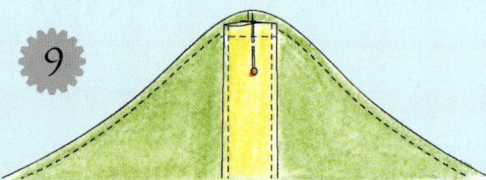

9. Den Tragegurt ebenso füßchenbreit an den Seitennähten feststeppen. (Abb. 9) Dann das Band zu einer »Schlaufe« legen (Gesamtlänge 18 cm) und nochmals absteppen. (Abb. 10)

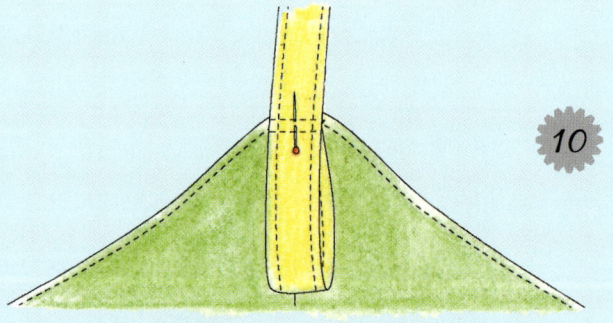

10. Die Schlaufe für den Karabinerring festnähen. Darauf achten, dass Karabiner und Ring exakt übereinander liegen.

11. Die Blume fertigen Sie wie bei der Tasche mit Ledergriffen (s. Seite 56).

Beutel aus Leder und Stoff

Maße
31 cm x 45 cm

Ein echter Allrounder unter den Taschen. Eine praktische Beuteltasche für Sport, Einkauf und Freizeit, die zu einem bewegten Lebensstil passt, eben ein modischer Alltagsbegleiter.

Material

Baumwollstoff
Kunstleder
Gurtband 4 cm x 1,65 m
Rüschenlitze 75 cm
Zackenlitze 1,5 cm x 3,30 m
Kordel 2 m

Zuschnitt

Tunnelschnittteil
2-mal 35 cm x 28 cm aus Stoff
oberes Taschenteil
2-mal 35 cm x 11 cm
aus Kunstleder
mittleres Taschenteil
2-mal 35 cm x 16 cm aus Stoff
unteres Taschenteil
1-mal 35 cm x 36 cm
aus Kunstleder
Futtertasche
1-mal 35 cm x 82 cm aus Stoff
Stoffstreifen (Tragegurt)
1-mal 5 cm x 1,65 m aus Stoff
Kordeln 2-mal 1 m

So wird's gemacht

1. Die Teilungsnähte steppen, Nahtzugaben auseinanderbügeln. (Abb. 1)

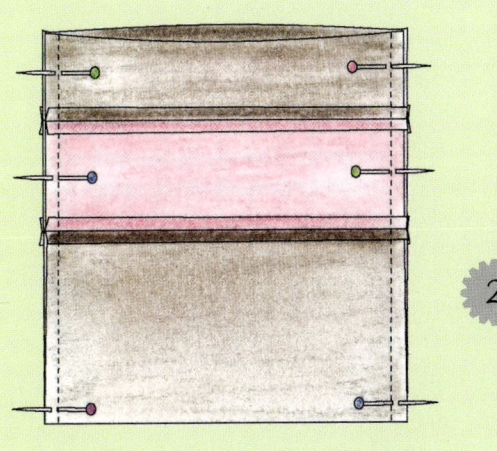

Gewusst wie

Setzen Sie zum Nähen am besten eine Ledernadel ein, damit das Nähgut reibungslos und gleichmäßig transportiert wird.

2

2. Vorder- und Rückseite der Tasche rechts auf rechts aufeinanderstecken, die Teilungsnähte liegen dabei exakt übereinander. Die Seitennähte zusammennähen und die Nahtzugaben auseinanderbügeln. (Abb. 2)

3. Für die Futtertasche ebenso verfahren und an einer Seite eine 15 cm breite Wendeöffnung lassen. (Abb. 3)

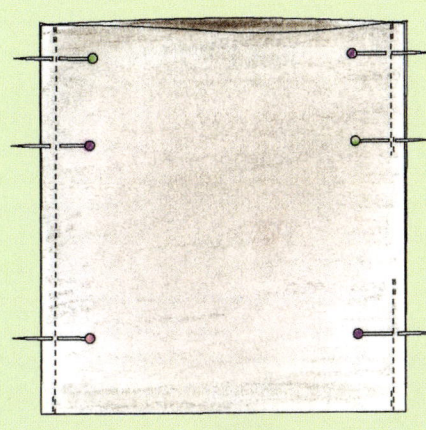

3

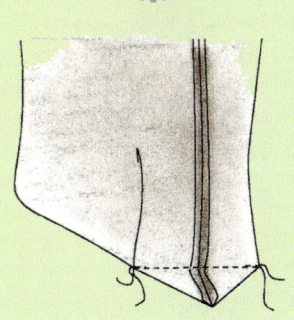

4

4. Nun die Ecken abnähen. Dazu jeweils die Seitennaht kantengleich auf der unteren Taschennaht feststecken und die Ecken 9 cm breit absteppen. (Abb. 4)

5. Futter- und Stoffbeutel nun rechts auf rechts ineinanderziehen und entlang der oberen Kante aneinandersteppen. Anschließend durch die Öffnung wenden und die obere Kante bügeln. Die Wendeöffnung zunähen. (Abb. 5)

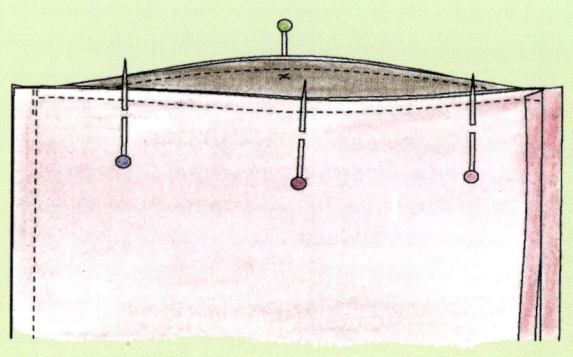

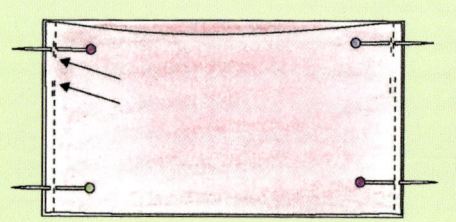

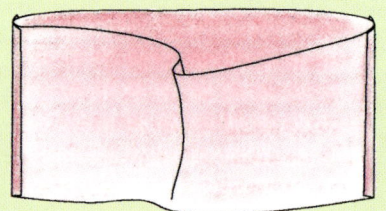

6. Für den Kordeldurchzug die beiden Stoffteile rechts auf rechts aufeinandernähen, zuvor jedoch die Breite nochmals auf den Beutel abstimmen. (Abb. 6) An den beiden Nähten ca. 15 cm von der oberen Kante entfernt eine 2 cm lange Öffnung für den Kordeldurchzug lassen (siehe Pfeile Zeichnung), Nahtanfang und -ende jeweils gut verriegeln. Anschließend das Schnittteil links auf links falten und entlang der unteren Schnittkante die Nahtzugaben gegeneinander einschlagen und absteppen.

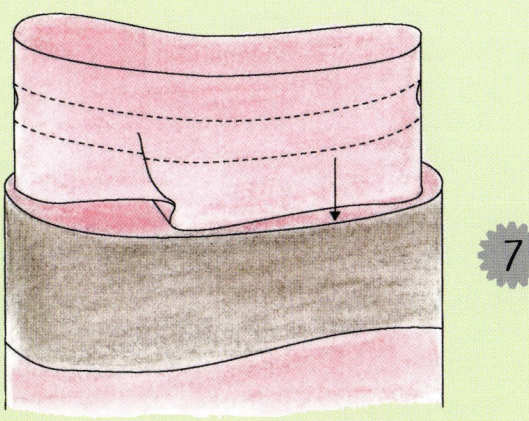

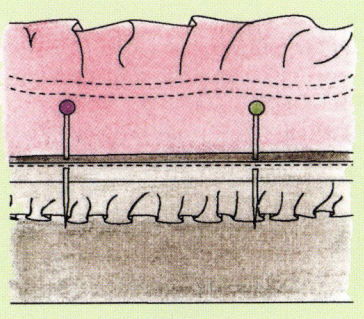

7

8

7. Für den Kordeldurchzug das gefaltete Schnittteil ober- und unterhalb des Schlitzes ringsum absteppen. Anschließend das Schnittteil etwa 3 cm tief in den Beutel schieben, mit Nadeln fixieren und feststeppen. (Abb. 7) Über diese Naht das Rüschenband festnähen. (Abb. 8)

9

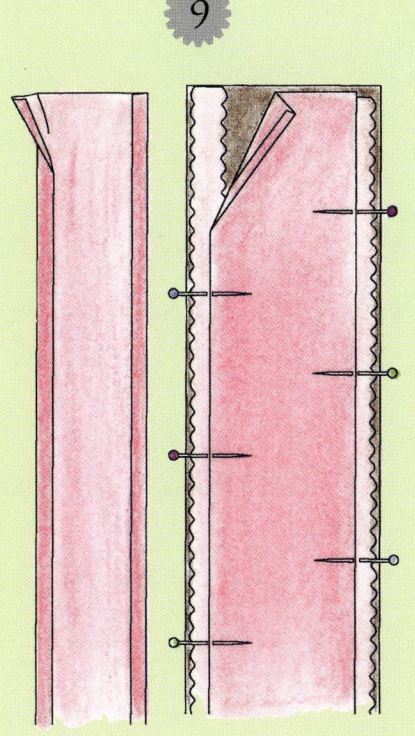

8. Für den Tragegurt den Stoffstreifen an den beiden langen Seiten 1 cm nach links einschlagen und mittig auf dem Gurtband feststecken. Die Zackenlitze etwa bis zur Hälfte unter den Baumwollstreifen schieben, beides nochmals mit Nadeln fixieren und anschließend feststeppen. (Abb. 9)

9. Nun den Schulterriemen an der Tasche befestigen. Nähen Sie das Gurtband oberhalb des mittleren Streifens fest, die untere Kante wird nach innen eingeschlagen. Das Gurtband ebenfalls nochmals an der oberen Taschenkante feststeppen.

10. Mit einer Sicherheitsnadel die Kordeln einziehen. Beginnen Sie dazu an einer Seite und führen Sie das Band auch an dieser Seite wieder heraus. Die Kordelenden verknoten.

Handtasche mit Holzgriffen

Maße
36 cm x 42 cm

Drei Stoffreste, zwei Holzgriffe und ein wenig Kreativität – das sind die Zutaten für diese Tasche. Farblich perfekt aufeinander abgestimmte Stoffe machen das Ganze zu einem Hingucker in retro-freudiger Reinkultur!

Material

Baumwollstoffe
feste Vlieseline
Holzgriffe 12 cm breit
Pappprest
Wattelinerest/Volumenvlies

Zuschnitt

4-mal oberes Taschenteil
(Schnittmuster S. 90)
2-mal mittleres Taschenteil
(Schnittmuster S. 91)
2-mal unteres Taschenteil
(Schnittmuster S. 90)
2-mal Taschenboden
(Schnittmuster S. 91)
Blume
(Schnittmuster S. 91)
Pappkreis
(Schnittmuster S. 91)

So wird's gemacht

1. Um den oberen Kanten die nötige Festigkeit zu verleihen, auf die Belege Vlieseline aufbügeln.

2. An Vorder- und Rückseite der Tasche die Teilungsnähte steppen, Nahtzugaben auseinanderbügeln. (Abb. 1, 2)

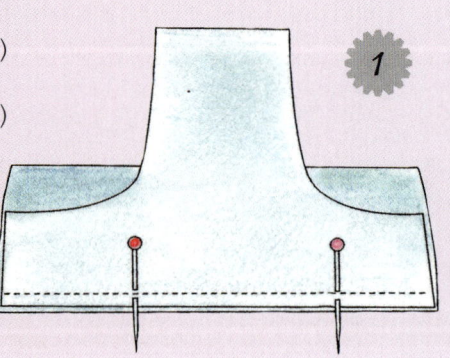

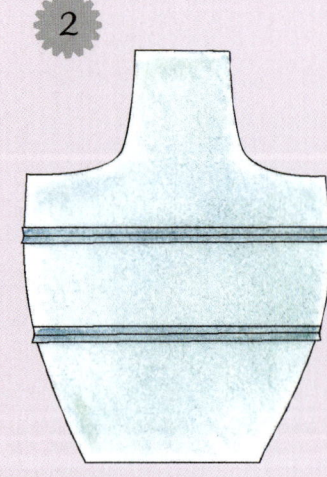

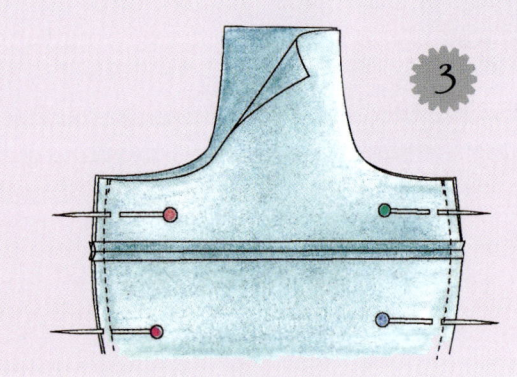

3. Vorder- und Rückseite der Tasche rechts auf rechts aufeinanderstecken, die Teilungsnähte liegen dabei exakt übereinander. Die beiden Seitennähte zusammennähen und die Nahtzugaben auseinanderbügeln. (Abb. 3)

Aufgepasst: Das Annähen eines geraden Schnittteils an ein rundes, wie das Taschenteil an einen Taschenboden, ist durchaus eine Herausforderung. Kleine Unregelmäßigkeiten beim Zuschneiden oder beim Zusammennähen der Seitennähte und schon passt das Seitenteil nicht mehr exakt an das Bodenteil. Messen Sie daher die Teile vor dem Zusammennähen nochmals aus und korrigieren Sie gegebenenfalls.

Gewusst wie

Für diese Tasche wurden Holzgriffe verwendet, die 12 cm breit sind. Bei Griffen anderer Größe, ändern Sie das Schnittteil (Schnittmuster S. 90) entsprechend in der Breite.

4. Die Vlieseline auf die linke Stoffseite des Bodenteils bügeln. Das zweite Bodenteil darüber feststecken (linke Stoffseiten liegen innen) und knappkantig aufeinanderstepppen. Anschließend den Boden rechts auf rechts an die beiden Taschenhälften stepppen. Nahtzugaben an den Boden bügeln. (Abb. 4)

5. Die Belege der beiden Taschenoberteile jeweils rechts auf rechts aufeinanderlegen und die Seitennähte stepppen. Die Nahtzugaben auseinanderbügeln.

6. Die Belege kantengleich rechts auf rechts auf die oberen Taschenteile stecken und die Kanten ringsum aufeinandersteppen. Die Ecken schräg abschneiden und die Rundungen vorsichtig bis zur Nahtlinie einschneiden. Die Belege nach rechts wenden, die Ecken vorsichtig mit einer Schere herausdrücken, die Kanten bügeln und ringsum absteppen. (Abb. 5)

7. Die Kanten des oberen Taschenteils jeweils um einen Holzgriff legen und feststeppen. (Abb. 6)

8. Für die Blumenblätter die 6 Stoffkreise jeweils links auf links zur Hälfte falten. Anschließend alle 6 Blätter mit einem doppelt gelegten Nähfaden (am besten Zwirn) entlang der äußeren Rundung einreihen und auf einen Faden aufziehen. Fadenanfang und -ende nicht verknoten und so fest wie möglich zusammenziehen. (Abb. 7)

9. Die Watteline auf den Pappkreis kleben. Den Stoffkreis entlang der äußeren Kante einreihen, den Pappkreis mittig einlegen, den Reihfaden zusammenziehen und verknoten. Mit einer Heißklebepistole den stoffbezogenen Pappkreis auf die Blüte kleben. Die fertige Blüte mit einigen Handstichen an der oberen Taschenkante befestigen.

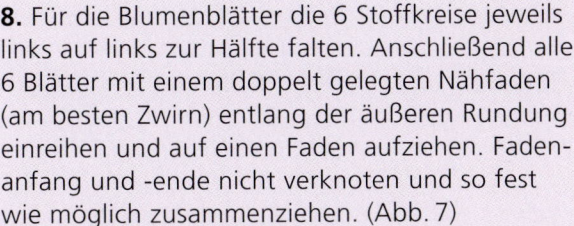

Flexible Einkaufstasche

Maße
33 cm x 40 cm

Mit einer schicken Tasche macht Shoppen noch mehr Spaß. Platzsparend in der Handtasche verstaut, bietet sie damit dem Einkauf viel Stauraum. Die Tasche hat eine praktische Außentasche und der feste Baumwollstoff macht sie zu einem verlässlichen Begleiter.

Material
Baumwollstoff
Zackenlitze 1,5 cm x 70 cm
karierter Stoffrest

Zuschnitt
Vorder-/Rückseite
2-mal 35 cm x 45 cm
aufgesetzte Tasche
1-mal 27 cm x 21 cm
Schulterriemen
2-mal 8 cm x 70 cm
Stoffstreifen (Tasche)
1-mal 3 cm x 27 cm

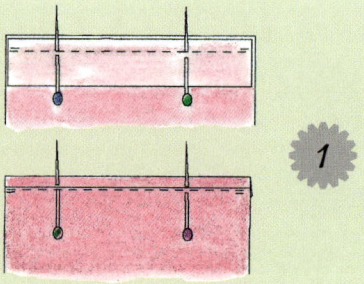

So wird's gemacht

1. Die obere Kante der aufgesetzten Tasche mit dem Stoffstreifen verstürzen. Dazu den Streifen ca. 0,5 cm breit, rechts auf rechts, an die obere Taschenkante steppen, nach hinten umschlagen und die Kante bügeln. Anschließend knappkantig von rechts nochmals absteppen. (Abb. 1)

2. Die anderen Seiten der aufgesetzten Tasche 1 cm nach links umbügeln. Dann die fertige Tasche 8 cm von der unteren Kante entfernt mittig auf der Vorderseite aufsteppen und durch eine senkrechte Naht in zwei Hälften teilen.

3. An Vorder- und Rückseite der Tasche den angeschnittenen Beleg 4 cm nach links umbügeln. (Abb. 2)

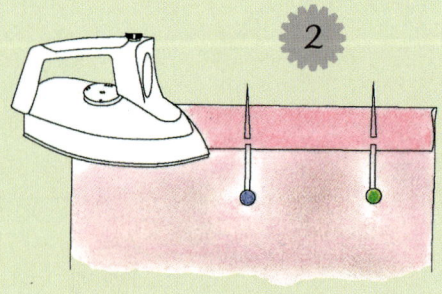

4. Den Beleg wieder aufklappen, die beiden Taschenteile rechts auf rechts aufeinandersteppen und die Tasche wenden. Die Kanten bügeln und den erneut eingeschlagenen Beleg 3,5 cm breit absteppen. (Abb. 3)

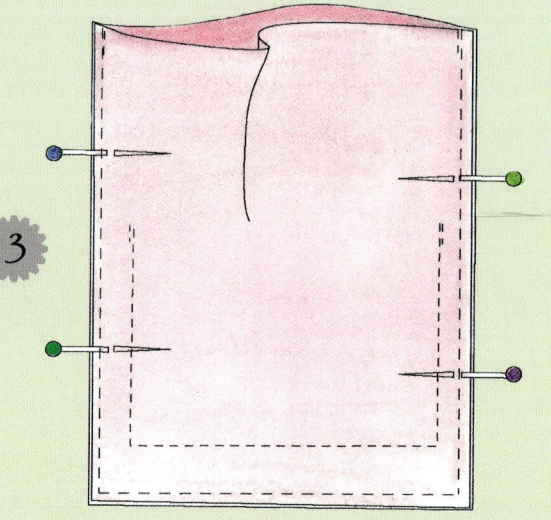

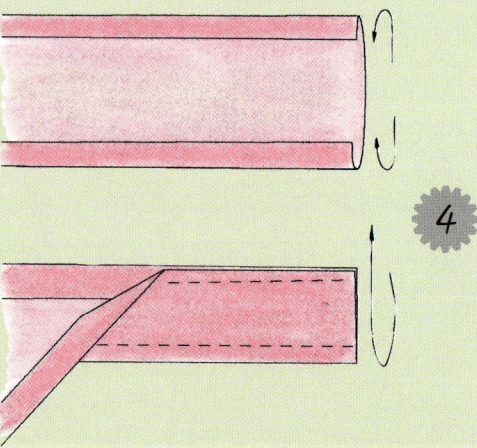

5. Die langen Seiten der Schulterriemen 1 cm nach links umbügeln, anschließend zur Hälfte falten und ringsum knappkantig absteppen. (Abb. 4)

Gewusst wie

Für solch eine Tasche sollten Sie einen möglichst festen Stoff aussuchen. Hier eignen sich auch Dekostoffe aus dickerem Material.

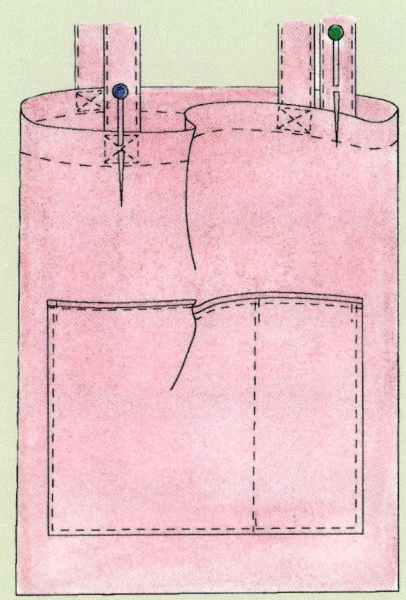

6. Die Schulterriemen 7 cm von den Seitennähten entfernt und 4 cm tief mit Nadeln an der Innenseite der Tasche feststecken und absteppen. (Abb. 5)

7. Über die Steppnaht der oberen Kante die Zackenlitze aufnähen.

Kleine Rosentasche

Für Blumenliebhaber mit einem Hang zum Nostalgischen ist diese Tasche genau das Richtige. Mit ihren entzückenden Details wirkt sie romantisch verspielt.

Maße
33 cm x 35 cm

Material

Baumwollstoff
Baumwollfutter
evtl. Vlieseline
vorgefalztes Schrägband 2,40 m
Holzgriff 27 cm
Rüschenlitze 25 cm

Zuschnitt

aus Baumwollstoff, Futter und ggf. Vlieseline
• Vorder- und Rückseite
 2-mal 40 cm x 45 cm
 (Schnittmuster, S. 89)
• Ecken
 4-mal 10 cm x 12 cm
 (Schnittmuster, S. 89)
aufgesetzte Tasche
1-mal 25 cm x 15 cm
(Schnittmuster, S. 89)

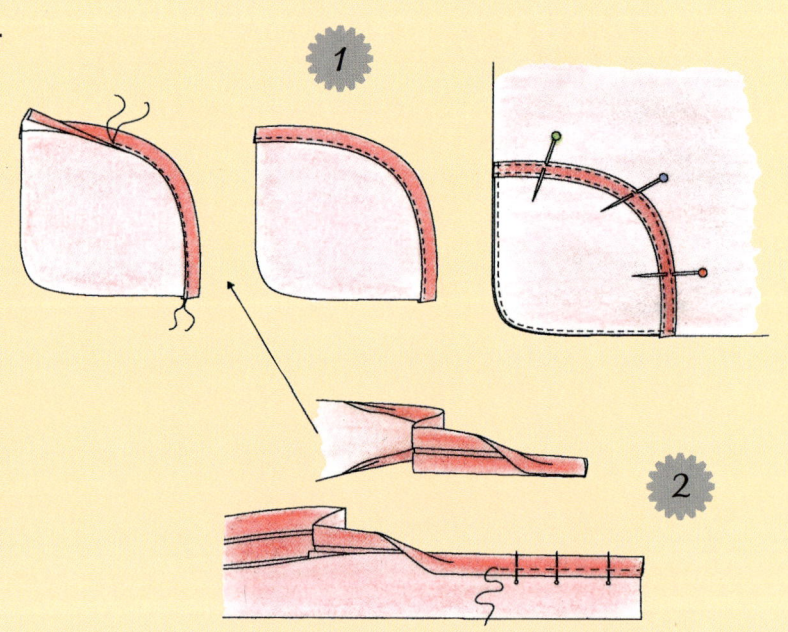

So wird's gemacht

1. Die Schnittteile für die Ecken (siehe Schnittbogen) evtl. mit Vlieseline verstärken und mit Schrägband einfassen. (Abb. 1) Dazu den in Form gebügelten Stoffstreifen um die offene Schnittkante legen und knappkantig feststeppen. (Abb. 2) Dann die eingefassten Ecken auf Vorder- und Rückseite der Tasche steppen (Schnittmusterbeschriftung beachten). Die Ecken der Tasche anschließend entsprechend abrunden.

2. Die obere Kante der aufgesetzten Tasche mit Schrägband einfassen und die Rüschenlitze annähen. (Abb. 3) Dann die äußere Taschenkante einfassen, Bandanfang und -ende nach links einschlagen. Die eingefasste Tasche mit 8 cm Abstand zur unteren Kante auf die Vorderseite steppen.

Gewusst wie

Das Schnittmuster kopieren und um 26 cm verlängern. Die unteren Ecken werden später abgerundet. Achten Sie darauf, dass alle Ecken identisch sind.

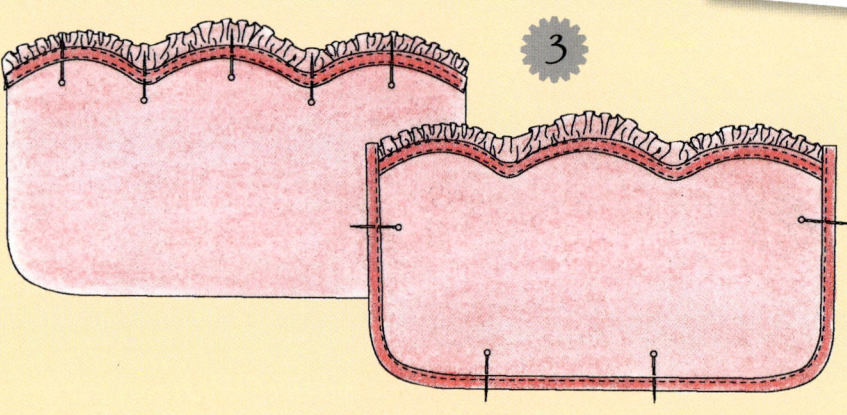

3

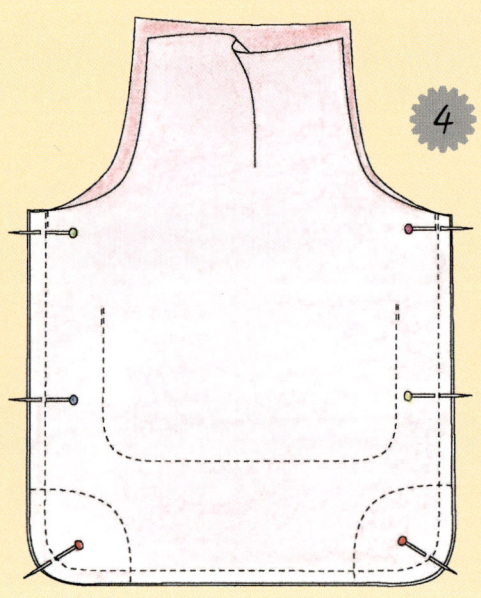

4

3. Vorder- und Rückseite rechts auf rechts aufeinandersteppen, die Tasche wenden und die Kanten bügeln. Die Futtertasche ebenso nähen. Ober- und Futtertasche links auf links ineinanderschieben und an den offenen Kanten 3 mm breit aufeinandersteppen. (Abb. 4)

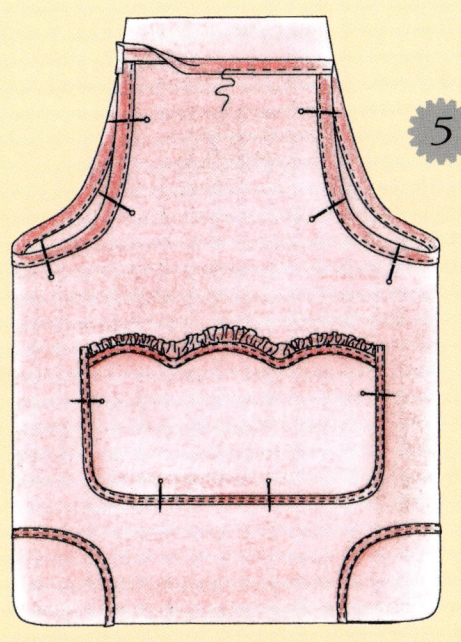

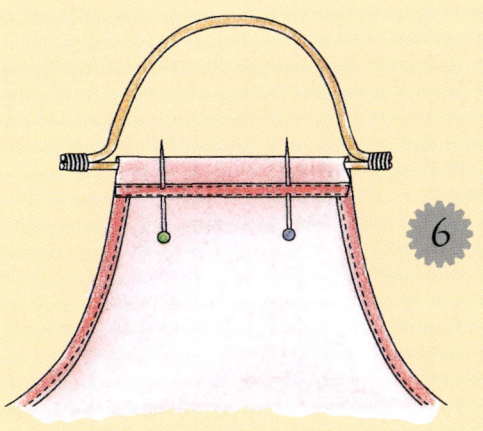

4. Die Kanten mit Schrägband einfassen, dabei die oberen Kanten zum Schluss nähen. (Abb. 5).

5. Die oberen Taschenkanten um den Holzgriff legen und feststeppen. (Abb. 6)

Hübsche iPod-Hüllen

Maße
10 cm x 14 cm

Aus Stoffresten rasch genäht sind diese iPod-Hüllen. Strassbänder und andere Applikationen machen sie zu einem Unikat und auf den Typ der Freundin abgestimmt wird ein praktisch schönes Geschenk daraus.

Material

Baumwollstoff
Knopf
Folie (Schnellhefter)
Strassband, aufbügelbar 22 cm
evtl. Vlieseline zum Verstärken

Zuschnitt

Vorder-/Rückseite
2-mal 11 cm x 17,5 cm
Modell 1/2
1-mal 4 cm x 16 cm
(Knopfschlaufe)
Modell 3
1-mal 3,7 cm x 55 cm
(Paspelstreifen)
1-mal 11 cm x 9,5 cm (Folie)

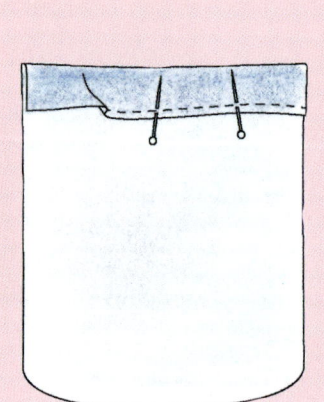

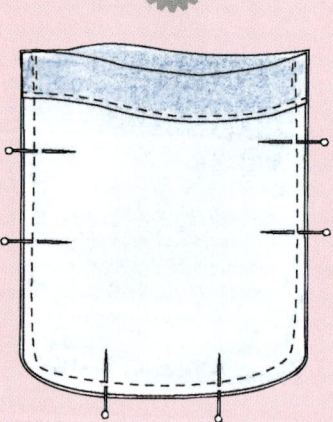

So wird's gemacht

Modell 1/2

1. An Vorder- und Rückseite die unteren Ecken mit einem runden Gegenstand (Glas/Tasse) abrunden. Den angeschnittenen Beleg ca. 3,5 cm nach links umbügeln und feststeppen. (Abb. 1)

2. Vorder- und Rückseite rechts auf rechts aufeinandersteppen und wenden. (Abb. 2)

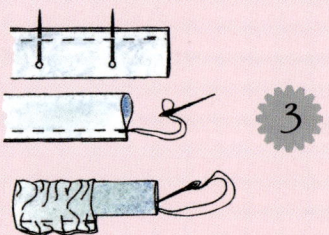

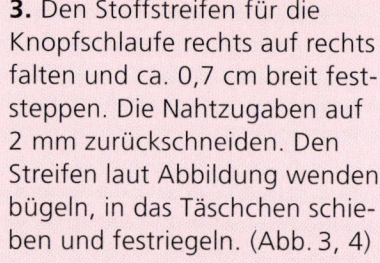

Gewusst wie
Dünner Baumwollstoff kann durch Aufbügeln von Vlieseline auf der linken Stoffseite verstärkt werden.

3. Den Stoffstreifen für die Knopfschlaufe rechts auf rechts falten und ca. 0,7 cm breit feststeppen. Die Nahtzugaben auf 2 mm zurückschneiden. Den Streifen laut Abbildung wenden, bügeln, in das Täschchen schieben und festriegeln. (Abb. 3, 4)

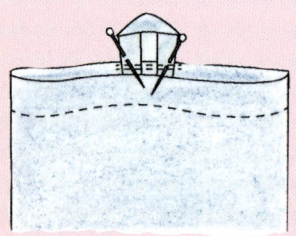

4. Das Strassband (Modell 2) vorsichtig mit einem Bügeltuch aufbügeln.

5. Die Knöpfe bei beiden Modellen von Hand annähen.

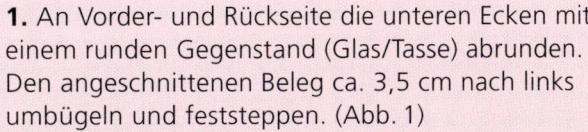

Modell 3

1. An Vorder- und Rückseite die unteren Ecken mit einem runden Gegenstand (Glas/Tasse) abrunden. Den angeschnittenen Beleg ca. 3,5 cm nach links umbügeln und feststeppen. (Abb. 1)

2. Die Folie zuschneiden und die Ecken ebenso abrunden.

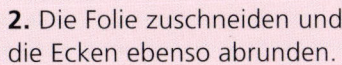

3. Zum Einfassen der oberen Folienkante fertigen Sie aus dem Stoff der Hülle selbst ein Schrägband (s. Seite 10). Das Schrägband aufklappen, über die Kante schieben und knappkantig feststeppen (s. Seite 10). Achten Sie darauf, dass die breitere Seite unten liegt und beim Feststeppen auch mitgefasst wird. (Abb. 2)

4. Die Folie kantengleich auf das Vorderteil nähen (3 mm Nahtbreite).

5. Vorder- und Rückseite links auf links aufeinandersteppen.

6. Um die Hülle einzufassen, das Schrägband aufklappen, mit Nadeln rechts auf rechts an die Taschenkante stecken und innerhalb der Bruchlinie festnähen. Bandanfang und -ende nach links einschlagen, den Stoffstreifen um die Kante legen und entweder von Hand oder mit der Maschine festnähen. Alternativ das vorgefalzte Schrägband für die Rundungen »in Form« bügeln, über die Taschenkante schieben und von oben feststeppen. Achten Sie darauf, dass die breitere Seite unten liegt, also beim Feststeppen auch mitgefasst wird. (Abb. 3)

Smarte iPad-Tasche

Maße
24 cm x 30 cm

Seitdem das iPad von Apple auf dem deutschen Markt ist, ist es ein Verkaufsschlager. Natürlich muss der smarte Schatz geschützt werden. Optimal dafür ist diese iPad-Tasche, originell und individuell. Einzigartig eben – wie das iPad!

Material

Filzplatten, Stärke 2–3 mm
Schrägband, vorgefalzt 1,35 m
Rüschenband 65 cm
Schmucklitze 65 cm
schmale Kordel/Soutacheband 40 cm
Stoffröschen
Glöckchen

Zuschnitt

Vorder-/Rückseite
2-mal 24 cm x 30 cm
aufgesetzte Tasche
1-mal 14 cm x 15 cm
Taschenornament
1-mal 15 cm x 8 cm (Schnittmuster S. 92)
Kordeln/Soutacheband
2-mal 20 cm

So wird's gemacht

1. Die unteren Ecken an Vorder- und Rückseite und an der aufgesetzten Tasche mit einem runden Gegenstand (Glas/Tasse) abrunden und sorgfältig ausschneiden.

2. Das Rüschenband an die obere Kante von Vorder- und Rückseite und an die aufgesetzte Tasche steppen. Die Schmucklitze von Hand auf das Rüschenband nähen. (Abb. 1)

3. Das Taschenornament kopieren, zuschneiden und an den markierten Stellen mit einer Lochzange die Löcher ausstanzen. Die Kordeln durch die Löcher ziehen, in der Mitte verknoten und die Röschen von Hand annähen. (Abb. 2)

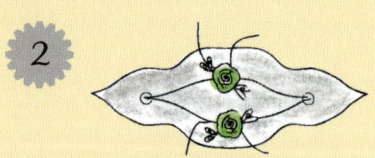

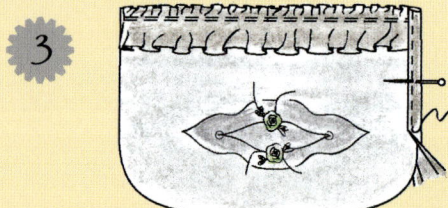

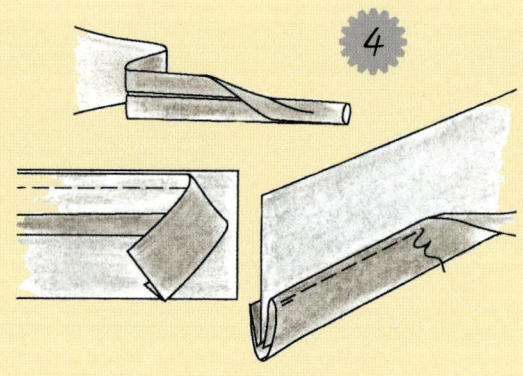

4. Um die aufgesetzte Tasche einzufassen, das vorgefalzte Schrägband aufklappen, mit Nadeln rechts auf rechts an die Taschenkante stecken und innerhalb der Bruchlinie festnähen (s. Seite 10). Bandanfang und -ende nach links einschlagen, den Stoffstreifen um die Kante legen und entweder von Hand oder mit der Maschine festnähen. (Abb. 3) Alternativ den vorgefalzten Stoffstreifen lediglich über die offene Stoffkante schieben und den Schrägstreifen von oben feststeppen. Achten Sie darauf, dass die breitere Seite unten liegt, also beim Feststeppen mitgefasst wird. (Abb. 4)

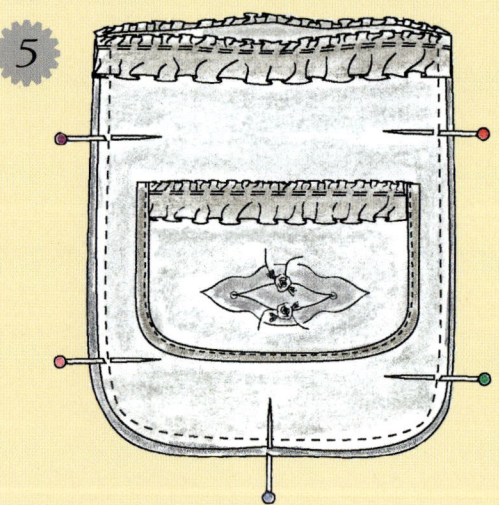

5. Nun das Schmuckornament mit einigen Stichen auf der Tasche befestigen und diese auf das vordere Taschenteil nähen. (Abb. 5)

Gewusst wie

Die Hülle ist so konzipiert, dass Ihr iPad samt Schutzhülle Platz findet. Für ein iPad ohne Schutzhülle planen Sie für den Zuschnitt ringsum 0,5 cm weniger ein.

6. Vorder- und Rückseite links auf links kantengleich aufeinander feststecken und knappkantig (3 mm Nahtereite) aufeinander nähen.

7. Dann die Kante, wie bei der aufgesetzten Tasche, einfassen. (Abb. 6)

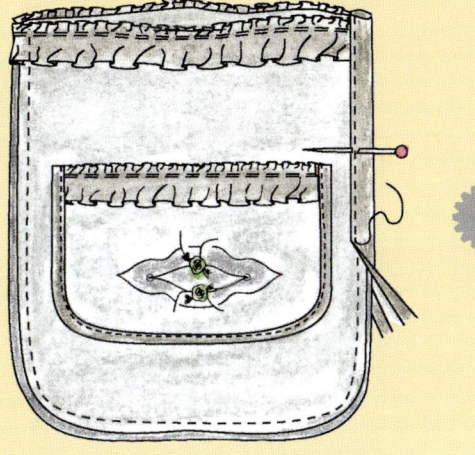

8. Wer mag, kann ein Glöckchen durch ein kleines Bändchen ziehen und mit einigen Handstichen an der oberen Kante festnähen. (Abb. 7)

Originelle Lunchbags

Maße
Großes Model
30 cm x 35 cm
Kleines Modell
15 cm x 15 cm

Jeder kennt es von Oma als Tischdecke, doch im modernen Design lässt sich Wachstuch auch zu interessanten Lunchbags verarbeiten. Stellen Sie mit dem Klettverschluss die Größe passend ein und los geht's mit dem coolen Brotzeitbeutel!

Material

(für beide Taschen)
Wachstuch
Klettverschluss 2 cm x 13 cm
3 O-Ringe
Karabinerhaken
Karoband 1 cm x 1,80 m
Bommellitze 31 cm
Zackenlitze 1,5 cm x 35 cm
Glöckchen

Zuschnitt

Großes Modell
Vorder-/Rückseite
2-mal 31 cm x 55 cm
aufgesetzte Tasche
2-mal 31 cm x 25 cm
Karoband (obere Kante)
1-mal 1 cm x 65 cm
Karoband (Rückseite)
1-mal 1 cm x 55 cm
Karoband (aufgesetzte Tasche)
1-mal 1 cm x 25 cm

So wird's gemacht

Großes Modell
1. Die aufgesetzte Tasche der Vorderseite an der oberen Kante ca. 4 cm nach links falten (evtl. mit dem Fingernagel glattstreichen). Die Bommellitze unter die Kante schieben und von oben feststeppen. (Abb. 1)

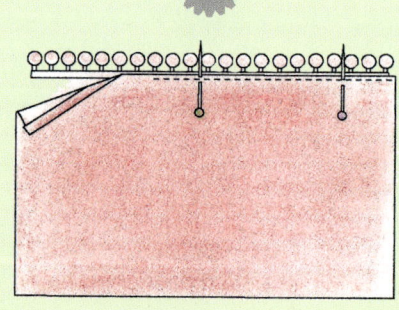

2. Die aufgesetzte Tasche ringsum auf die Vorderseite steppen. Den Karabinerhaken durch das Karoband ziehen, an der oberen Kante 3 cm nach links einschlagen und festriegeln. Dann das Band mittig aufnähen. (Abb. 2)

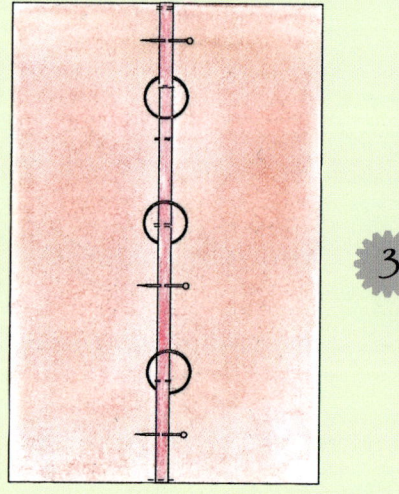

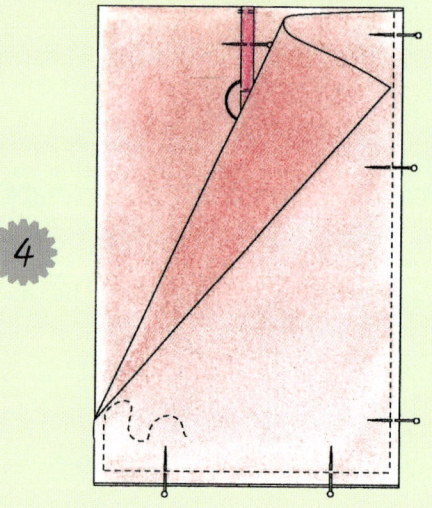

3

3. Das Band für die Rückseite durch die 3 O-Ringe ziehen und zunächst an der oberen und unteren Kante festriegeln. Die Ringe gleichmäßig verteilen und das Band nun durch zwei weitere Riegel fixieren. (Abb. 3)

4. Vorder- und Rückseite rechts auf rechts aufeinandersteppen. Nähte mit dem Fingernagel glattstreichen. (Abb. 4)

4

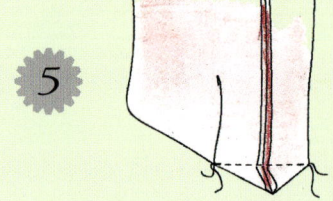

5

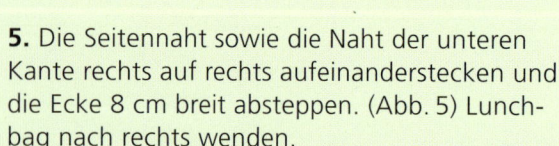

5. Die Seitennaht sowie die Naht der unteren Kante rechts auf rechts aufeinanderstecken und die Ecke 8 cm breit absteppen. (Abb. 5) Lunchbag nach rechts wenden.

6. An die obere Kante das Karoband steppen, dabei die Schnittkante ca. 1 mm breit verdecken. Nahtanfang und -ende nach links einschlagen. (Abb. 6)

6

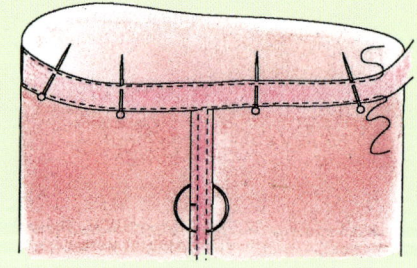

Gewusst wie

Die gummierte Beschichtung von Wachstuchen führt dazu, dass das Material vom Nähmaschinenfuß nicht reibungslos und gleichmäßig transportiert wird. Setzen Sie daher das spezielle Teflonfüßchen ein.

So wird's gemacht

Kleines Modell

1. Die raue Seite des Klettbandes mittig auf die Vorderseite des Lunchbags steppen. (Abb. 7)
Die weiche Seite auf die Rückseite nähen. (Abb. 8)

Zuschnitt

Kleines Modell
Vorder-/Rückseite
2-mal 25 cm x 18 cm
Karoband 1-mal 1 cm x 25 cm

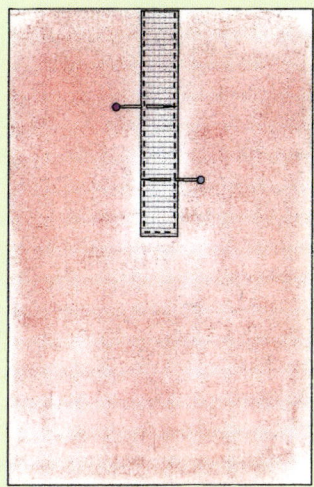

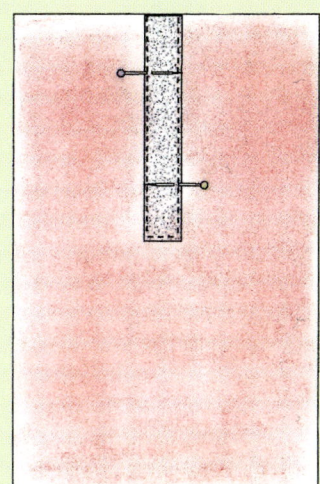

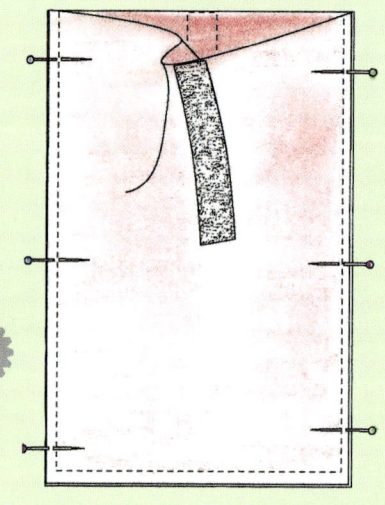

2. Vorder- und Rückseite rechts auf rechts aufeinandersteppen, Nähte mit dem Fingernagel glattstreichen. (Abb. 9)

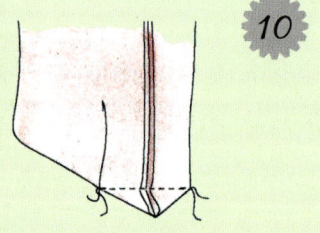

3. Die Seitennaht sowie die Naht der unteren Kante rechts auf rechts aufeinanderstecken und die Ecke 3,5 cm breit absteppen. Den Beutel wenden. (Abb. 10)

4. Die Zackenlitze an die obere Kante steppen. (Abb. 11)

5. Das Karoband durch das Glöckchen ziehen, zu einer Schleife binden und mit einigen Handstichen auf das Klettband der Vorderseite nähen.

Braune Umhängetasche

Maße
18 cm x 26 cm

Diese Tasche ist stets einsatzbereit und für den Stadtbummel oder Einkauf unentbehrlich. Hier finden Portemonnaie, Schlüssel und Handy ihren Platz. Über die Schulter gehängt, bleiben die Hände für die »Großeinkäufe« frei.

Material

Baumwollstoff
Baumwollfutter
evtl. Vlieseline
Filzrest
Reißverschluss 30 cm
2 D-Ringe mit Biegeöffnung

Zuschnitt

aus Baumwollstoff, Futter und Vlieseline
- Vorder- und Rückseite
  2-mal 20 cm x 27 cm
- Stoffstreifen (Reißverschluss)
  2-mal 4,5 cm x 30 cm
- Seitenteil
  1-mal 9,5 cm x 62 cm (Grobzuschnitt)

aufgesetzte Tasche
1-mal 20 cm x 24 cm

Schlaufe
2-mal 8 cm x 12 cm

Reißverschlussblenden
2-mal 9,5 cm x 6 cm

Tragegurt
1-mal 7,5 cm x 1,12 m

Filzstreifen
1-mal 4 cm x 20 cm

Filzblumen und Filzstreifen
(Vorlage S. 93)

So wird's gemacht

1. Die Ecken an Vorder- und Rückseite und das Taschenteil für die Vorderseite mit einem runden Gegenstand (Tasse/Glas) abrunden.

2. Verstärken Sie dünne Baumwollstoffe auf der Rückseite mit Vlieseline.

Gewusst wie

Dünner Baumwollstoff kann durch Aufbügeln von Vlieseline auf der linken Stoffseite verstärkt werden.

Einen langen Stoffstreifen an ein rundes oder abgerundetes Schnittteil zu nähen, ist nicht immer einfach. Bei diesem Modell wurde für das Seitenteil daher ein etwas längeres Schnittmaß angegeben, um das Annähen nach dem Feststecken und Ermitteln der korrekten Länge zu erleichtern.

3. Beschneiden Sie den Filzstreifen an der oberen Kante mit einer Zackenschere. Den angeschnittenen Beleg 4 cm nach links umbügeln, den Filzstreifen mit Nadeln darunter feststecken und knappkantig festnähen. (Abb. 1) Nun die Tasche knappkantig auf die Vorderseite steppen. (Abb. 2)

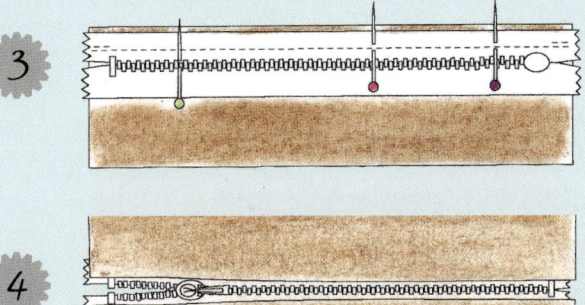

4. Den Reißverschluss mit der Vorderseite auf die rechte Stoffseite des Stoffstreifens steppen. (Abb. 3) Die Kante bügeln. Anschließend den zweiten Stoffstreifen ebenso an den Reißverschluss nähen. (Abb. 4) Benutzen Sie dafür den Reißverschlussfuß der Nähmaschine.

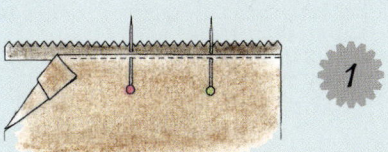

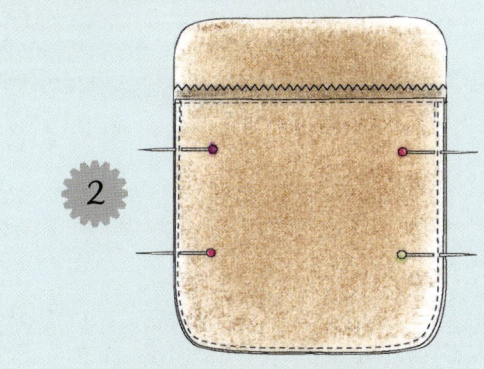

5. Die beiden Stoffstreifen für die D-Ring-Schlaufen an den beiden langen Seiten 1 cm nach links falten, dann zur Hälfte falten und knappkantig von der rechten Seite absteppen. Die Schlaufe falten. (Abb. 5)

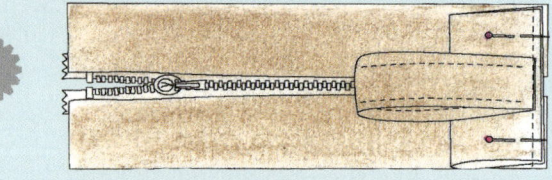

6. Die Reißverschlussblende zur Hälfte bügeln und mit der Schlaufe feststeppen. (Abb. 6)

7. Das nur grob zugeschnittene Seitenteil an eine Seite des Reißverschlussteils steppen. Nahtzugaben in den Seitenstreifen bügeln. (Abb. 7, 8)

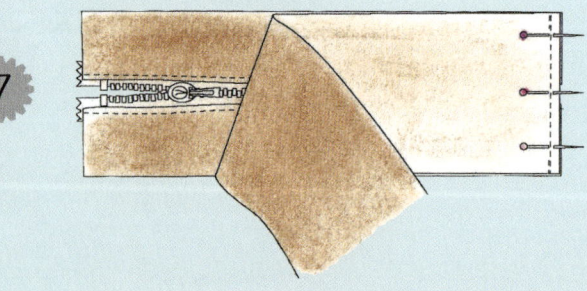

8. Dann die Mittellinien am Vorder- und Rückteil sowie an den Reißverschlussteilen mit kleinen Schereneinschnitten markieren. Diese Markierungen rechts auf rechts aufeinanderstecken und den Seitenstreifen ringsum mit Nadeln an Vorder- und Rückseite der Tasche fixieren. Der Seitenstreifen wird etwas zu lang sein, schneiden Sie daher die überschüssige Länge ab, beachten Sie die Nahtzugabe. Den Seitenstreifen zusammennähen und nun rechts auf rechts an die Vorder- und Rückseite der Tasche steppen. Die Nahtzugaben an den Rundungen einschneiden. (Abb. 9) Nahtzugaben flach bügeln.

9. Die Futtertasche ebenso nähen. Dann die beiden Taschen links auf links ineinanderziehen, die Nahtzugabe des Futters am Reißverschlussband nach links einschlagen und von Hand annähen.

10. Die D-Ringe an den Schlaufen befestigen, den Tragegurt wie die Schlaufen arbeiten. Das Band um die D-Ringe legen und feststeppen. (Abb. 10)

11. Die Blumen aus Filz zuschneiden und übereinander festnähen. Den Filzstreifen für die Blume so häufig wie möglich einschneiden, eindrehen, mit einigen Nadelstichen fixieren und ebenfalls von Hand annähen. (Abb. 11, 12) Dann die fertige Blume an der Vorderseite festnähen.

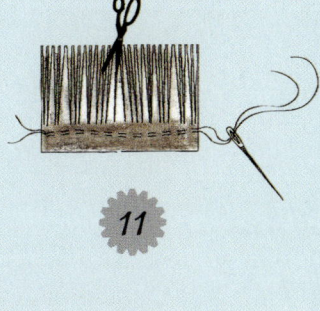

Stifte- oder Schminkmäppchen

Maße
8 cm x 21 cm

Dieses Mäppchen leistet nicht nur als Stiftemäppchen einen treuen Dienst, denn es kann auch als Kosmetiktäschchen verwendet werden. Platzsparend passt es in jede Handtasche. So hat man alle Utensilien, welcher Art auch immer, griffbereit.

Material

Wachstuch
Reißverschluss 20 cm

Zuschnitt

unteres Taschenteil
(Schnittmuster S. 93)
obere Taschenteile
(Streifen) 2-mal 6 cm x 24 cm

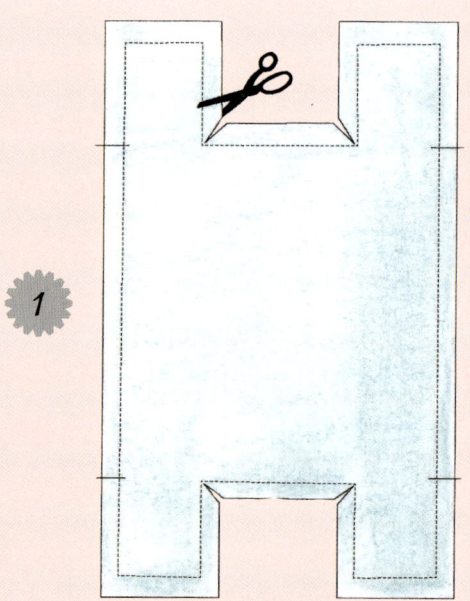

So wird's gemacht

1. Das Schnittteil kopieren, zuschneiden und alle Markierungen und Nahtzugaben auf die linke Stoffseite übertragen. Die Ecken bis kurz vor die Nahtlinie einschneiden (Abb. 1). Die Markierungen an den Seitennähten anzeichnen.

Gewusst wie

Um ein formschönes Mäppchen zu erhalten, muss das Schnittmuster exakt übertragen werden.

Wachstuch lässt sich nur bedingt bügeln, daher das Bügeleisen auf eine niedrige Temperatur einstellen oder die Nähte mit dem Fingernagel oder der Schere glattstreichen.

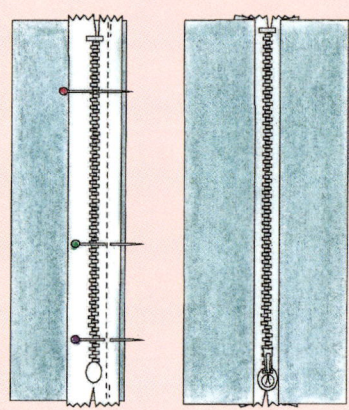

2. Den Reißverschluss mit der Vorderseite auf die rechten Seiten der beiden oberen Taschenteile steppen. Die Nahtzugaben entweder vorsichtig bügeln oder mit dem Fingernagel glattstreichen. (Abb. 2)

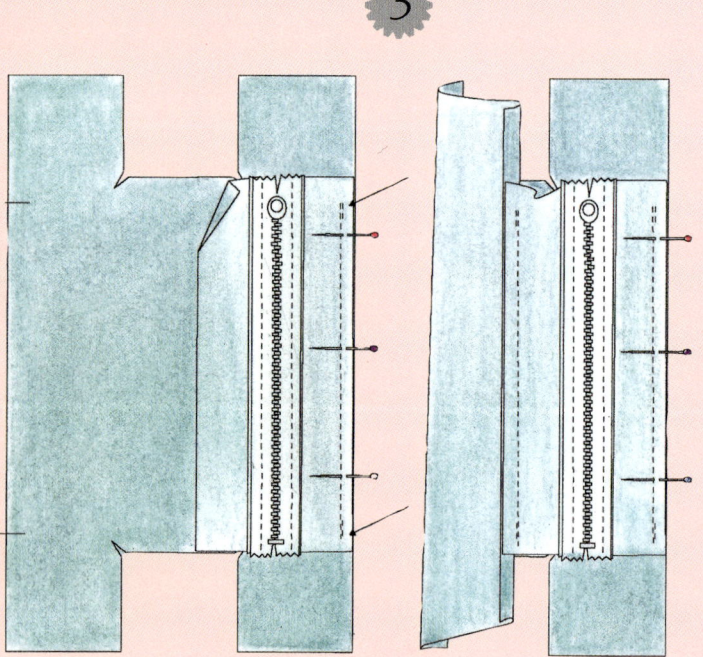

3. Die oberen Taschenteile rechts auf rechts an das untere Taschenteil nähen. Beginnen und enden Sie mit dem Zusammennähen an den Markierungen. An den oberen Schnittteilen bleibt jeweils 1 cm Nahtzugabe offen (s. Pfeile Schnittmuster). (Abb. 3)

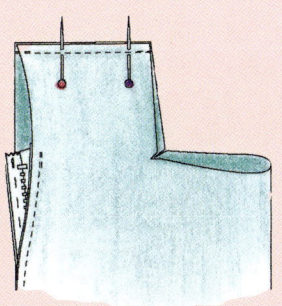

4. An den Schmalseiten die senkrechten Nähte schließen, die Nahtzugaben flachbügeln oder glattstreichen. (Abb. 4)

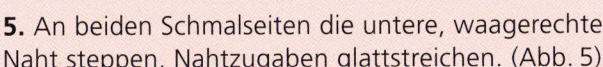

5. An beiden Schmalseiten die untere, waagerechte Naht steppen, Nahtzugaben glattstreichen. (Abb. 5)

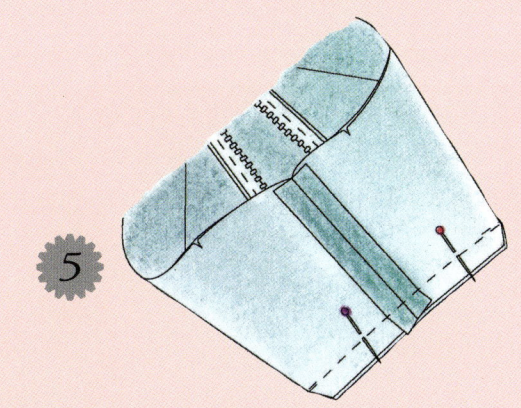

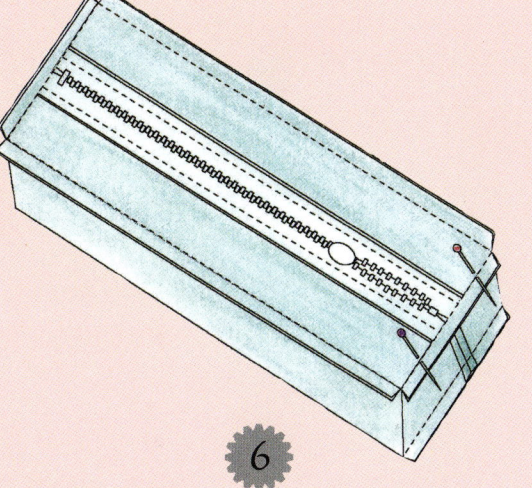

6. Den Reißverschluss zum Wenden öffnen. Nun die obere, waagerechte Naht steppen. Dazu das Wachstuch an der Markierung 1 cm tief einschneiden, die Naht steppen und die Nahtzugaben glattstreichen. (Abb. 6)

7. Das fertige Mäppchen wenden und die Ecken mit einer Schere herausdrücken.

Tasche mit Ledergriffen

Maße
32 cm x 35 cm

Kleine Tasche im professionellen Look! Im Internet oder im Kurzwarengeschäft werden Taschengriffe aus unterschiedlichen Materialien angeboten. Sie verleihen einer Tasche nicht nur ein edles Aussehen, sondern ersparen auch viel Arbeit.

Material

fester Baumwollstoff
Baumwollstoffrest
Paillettenband 3 cm x 75 cm
2 Ledergriffe 40 cm

Zuschnitt

Vorder-/Rückseite
2-mal 35 cm x 45 cm
Blume
je 1-mal 12 cm x 45 cm,
7 cm x 30 cm, 5 cm x 25 cm
Paillettenband
1-mal 3 cm x 70 cm
Paillettenbandrest
1-mal 5 cm

So wird's gemacht

1. An Vorder- und Rückseite den angeschnittenen Beleg 10 cm nach links umbügeln. (Abb. 1)

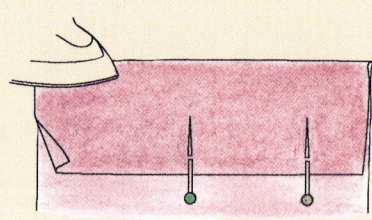

2. Den Beleg wieder aufklappen und die beiden Taschenteile rechts auf rechts aufeinandersteppen. (Abb. 2) Die Nahtzugaben auseinanderbügeln. Die Tasche wenden.

3. Die obere Kante (Beleg) wieder nach innen einschlagen, bügeln und 9 cm breit absteppen.

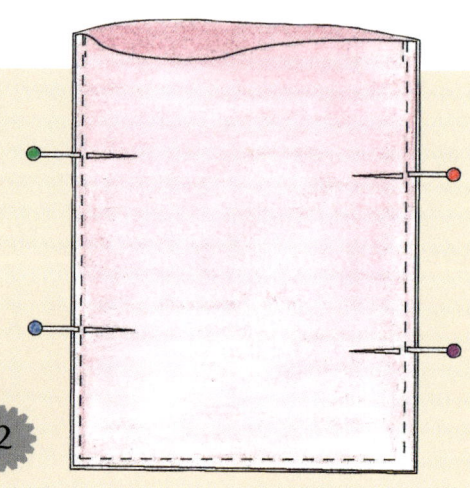

2

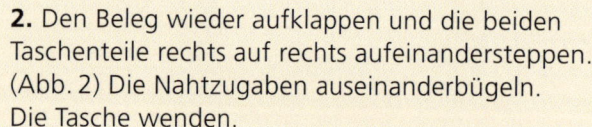

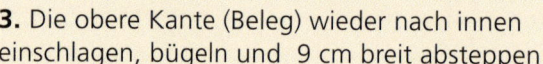

4. Nun die Ecken abnähen. Dazu die beiden Seitennähte mit Nadeln kantengleich rechts auf rechts auf der unteren Taschennaht feststecken und die Ecken 6 cm breit absteppen. (Abb. 3) Die Tasche wenden.

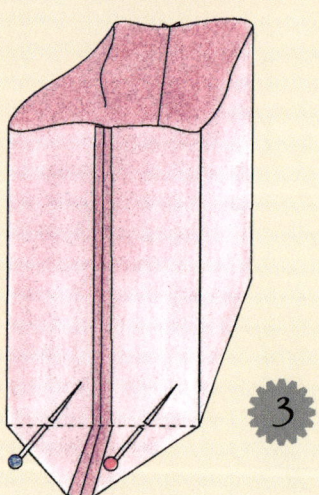

3

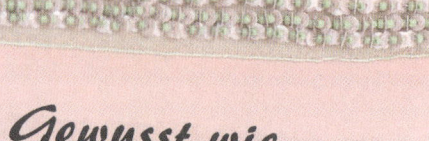

Gewusst wie

Die Stoffrosetten zu nähen ist zwar etwas aufwändig, lohnt sich aber. Wer sich die Mühe ersparen will, findet in Kurzwarenläden eine große Auswahl an fertigen Blumen, die mit einer Sicherheitsnadel angesteckt werden können

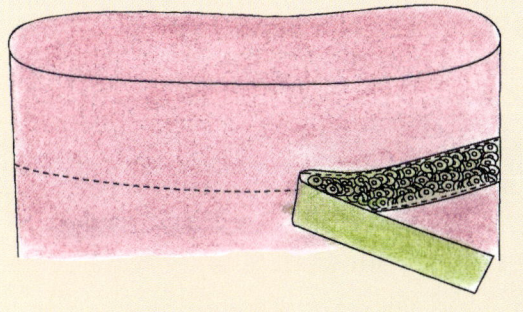

5. Das Paillettenband über der Steppnaht befestigen. (Abb. 4)

6. Die Griffe 10 cm von den Seitennähten entfernt von Hand außen an der Tasche annähen.

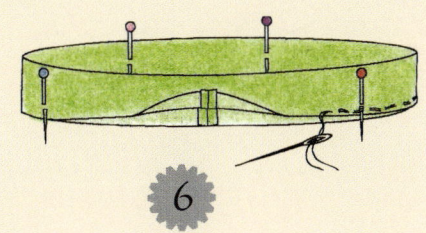

7. Die Blume: Die Stoffstreifen jeweils rechts auf rechts zum Ring zusammennähen, die Nahtzugaben auseinanderbügeln. (Abb. 5) Dann den Stoffring links auf links zur Hälfte falten und mit einem doppelt gelegten Näh-faden (am besten Zwirn) die untere Kante einreihen. (Abb. 6) Hierfür bei allen Rosetten mit regelmäßigen Stichen entlang der unteren Kante nähen, Fadenanfang- und -ende nicht vernähen. Die beiden Fadenenden so stramm wie möglich anziehen und verknoten. (Abb. 7) Nun die einzelnen Blumenteile übereinander legen und von Hand aufeinander festnähen. Auf dem kleinen Loch in der Mitte der Blume das eingekräuselte Paillettenband befestigen. (Abb. 8)

Cityschicker Shopper

Maße
42 cm x 58 cm

Geräumiger City-Shopper im Material-Mix. Oben aus Filz, unten ein wattiertes Baumwollstoff-rechteck. Hier passt nicht nur der kleine Einkauf hinein, auch für die Utensilien eines Schwimm-badbesuches ist ausreichend Platz vorhanden.

Material

Filzplatten Stärke 5 mm
Baumwollstoff
Baumwollfutter
Volumenvlies
Vliesofix
Knopflochgarn

1

Zuschnitt

oberes Taschenteil (Filz)
2-mal 47 cm x 25 cm
(Schnittmuster S. 92)
unteres Taschenteil (Stoff)
1-mal 45 cm x 82 cm
unteres Taschenteil (Futter)
1-mal 45 cm x 82 cm
Volumenvlies
1-mal 45 cm x 82 cm
Stoffstreifen (Rüsche)
1-mal 6 cm x 95 cm
Stoffstreifen (Blume)
1-mal 9 cm x 47 cm

So wird's gemacht

1. Bügeln oder stecken Sie mit Stecknadeln das Volumenvlies auf die linke Seite des unteren Taschenteils. Dann den Stoff mit diagonalen oder parallel zur Stoffkante verlaufenden Nähten im Abstand von 5 cm absteppen. Den Stoff anschlie-ßend im rechten Winkel zu diesen Nähten noch-mals im selben Abstand absteppen (Abb. 1)

2. Die oberen Taschenteile aus Filz absteppen, gegebenenfalls zuvor verstärken (siehe auch »Gewusst wie«). (Abb. 2)

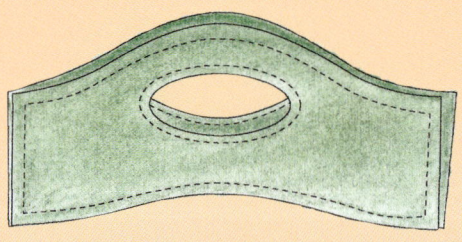

2

Gewusst wie

Das obere Taschenteil besteht aus Filz. Leider findet man ihn in Bastel- oder Stoffgeschäften nicht immer in der gewünschten Stärke. Hierfür können Sie jedoch auch zwei Filzlagen mit beidseitig klebendem Vliesofix (Herstellerangaben beachten) verbinden. Schneiden Sie eine Filzlage zu, bügeln einseitig Vliesofix auf und kleben das Ganze auf die zweite Filzplatte. Schneiden Sie das zweite Filzteil entlang des ersten aus und steppen das Ganze ringsum ab.

3. Nähen Sie die Stoffstreifen für die Rüschen und die Blume. Hierzu die Streifen entlang der langen Kanten rechts auf rechts zur Hälfte falten und 1 cm breit absteppen. Die Nahtzugaben auf 3 mm zurückschneiden. Den Streifen mit einer Nadel und einem doppelt gelegten Nähgarnfaden (besser Zwirn) wenden. (Abb. 3) Nach dem Wenden die Kante bügeln. Die offenen Schmalseiten nach innen einschlagen und mit einigen Handstichen zunähen.

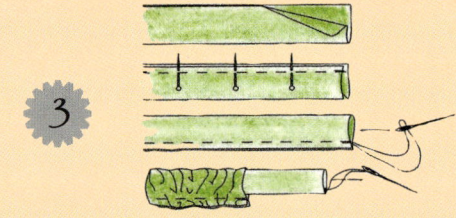
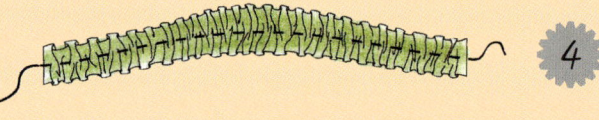

4. Bei der Rüsche einen doppelt gelegten Nähfaden in der Mitte, bei der Blume an der unteren Kante mit großen Stichen einziehen und anziehen. Bei der Rüsche auf die Breite des Filzteils abstimmen, bei der Blume so stramm wie möglich zusammenziehen. Das Fadenende jeweils verknoten. (Abb. 4)

5. Das untere wattierte Taschenteil rechts auf rechts aufeinanderlegen und an den Seitennähten aufeinandersteppen, an den oberen Kanten jeweils 7 cm offen lassen. Das Futter ebenso zusammennähen. (Abb. 5)

6. Stoff- und Futtertasche links auf links ineinanderziehen, die Nahtzugaben an den Schlitzen jeweils nach links einschlagen und die Schlitze entweder von Hand zusammennähen oder mit der Maschine absteppen. (Abb. 6, 7)

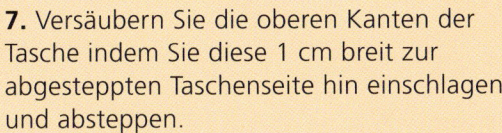

7. Versäubern Sie die oberen Kanten der Tasche indem Sie diese 1 cm breit zur abgesteppten Taschenseite hin einschlagen und absteppen.

8. Die oberen Taschenteile aus Filz auf das untere Taschenteil stecken, die Lage mit Nadeln fixieren und aufeinandersteppen. (Abb. 8)

9. Die Rüsche entweder von Hand oder mit der Maschine aufnähen. (Abb. 9) Die Blume ebenfalls mittig auf die Vorderseite der Tasche aufnähen.

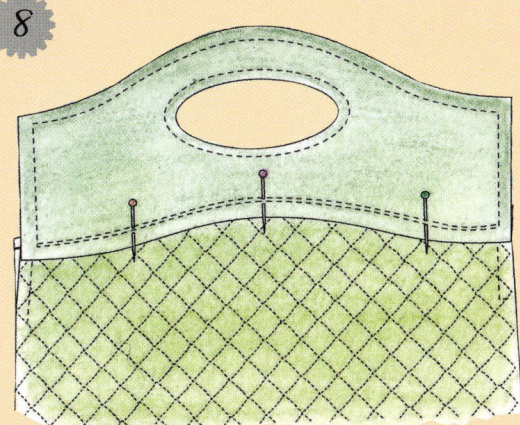

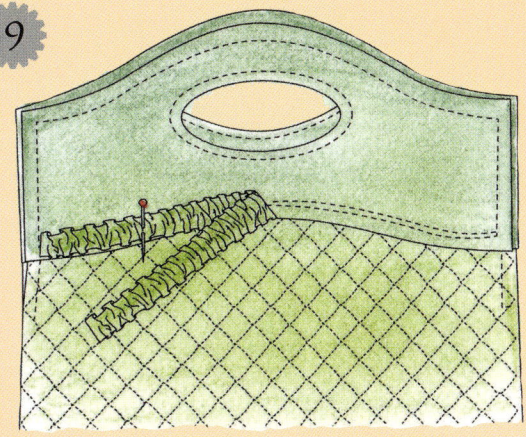

Schwarze Abendtasche

Maße
21 cm x 25 cm

Eine Abendtasche, die nicht jeder hat, schlicht in Schwarz, sportlich elegant und wiederum auch verspielt. Geräumig genug für Geldbeutel und Brillenetui.

Material

Baumwollstoff
Volumenvlies
Vlieseline
Filzrest
Reißverschluss 20 cm
Zierband 40 cm
Rüschenband 4 cm x 60 cm
3 Lederbänder 1 m
2 D-Ringe 4 cm
Knopf

Zuschnitt

aus Stoff, Futter, Volumenvlies
• Vorder- und Rückseite
   2-mal 22 cm x 27 cm
• Seitenstreifen
   8 cm x 75 cm

aus Stoff und Vlieseline
• Stoffstreifen (Reißverschluss)
   2-mal 24 cm x 8 cm

Aufhänger (D-Ringe)
2-mal 8 cm x 8 cm

Stoffstreifen (Einfassen)
2-mal 3,7 cm x 10 cm

Filzrest
1-mal 10 cm x 8 cm

So wird's gemacht

1. Die Vorder- und Rückseite der Tasche mit der linken Stoffseite auf das Volumenvlies stecken. Dann den Stoff mit diagonalen oder parallel zur Stoffkante verlaufenden Nähten im Abstand von 2 cm absteppen. Der plastische Effekt wird durch das Absteppen im rechten Winkel zu den Steppnähten noch verstärkt. (Abb. 1)

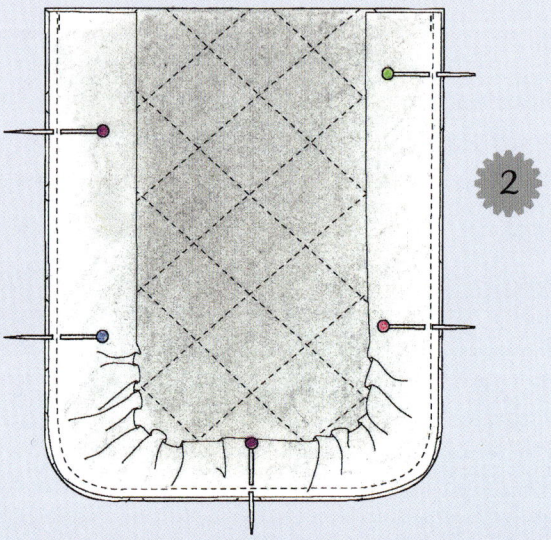

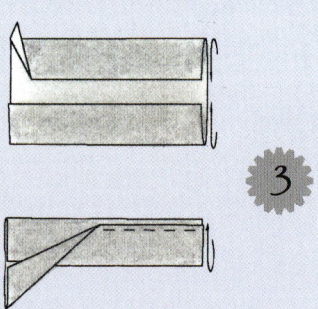

2. Das Seitenteil und die Schnittteile für den Reißverschluss mit Vlieseline verstärken. Dann den Seitenstreifen rechts auf rechts an das Vorderteil nähen. (Abb. 2) Den überstehenden Stoff des Streifens abschneiden. Nun das rückwärtige Taschenteil an den Seitenstreifen nähen. Für die Futtertasche ebenso verfahren und an einer Seite eine 15 cm breite Wendeöffnung lassen.

3. Die Stoffstreifen für die Schlaufen der D-Ringe an den langen Seiten 1 cm links auf links bügeln, dann zur Hälfte falten und knappkantig von der rechten Seite absteppen. (Abb. 3) Die zur Hälfte gefalteten Streifen mit Nadeln an den Seitennähten feststecken.

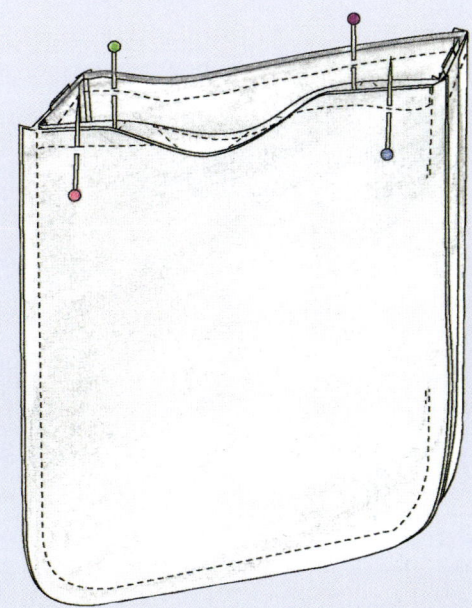

Gewusst wie

Für den Schulterriemen wurden Lederbänder verwendet, die in zahlreichen Farben in Kurzwarengeschäften und beim Schuhmacher erhältlich sind. Diese können an die Metallringe geknotet oder angeriegelt werden.

4. Außen- und Futtertasche rechts auf rechts ineinanderziehen und die obere Kante aufeinandersteppen. Die Tasche durch die Wendeöffnung wenden. Schließen Sie die Öffnung und bügeln Sie die Kanten. (Abb. 4)

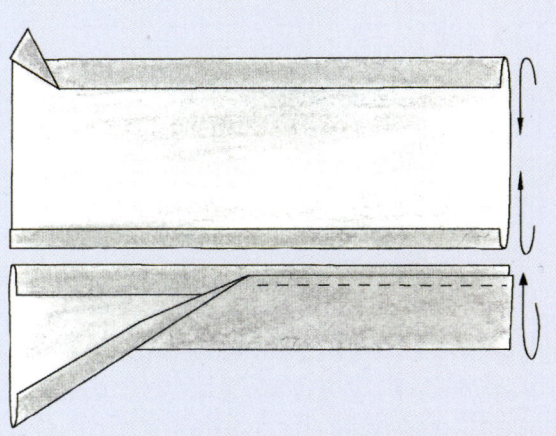

5. Die beiden Stoffstreifen für den Reißverschluss jeweils an beiden langen Seiten 1 cm nach links umbügeln, zur Hälfte falten und knappkantig absteppen. (Abb. 5)

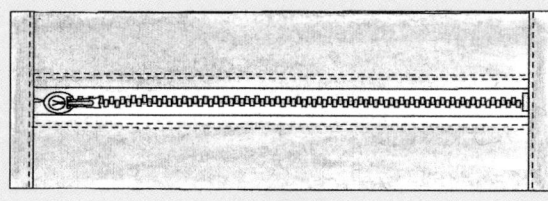

6. Die Stoffstreifen knappkantig auf das Reißverschlussband steppen. Die schmalen Seiten
mit einem Schrägband einfassen. (Abb. 6)

7. Den Reißverschluss öffnen und das Schnittteil 3 cm tief in das Tascheninnere schieben
und feststeppen.

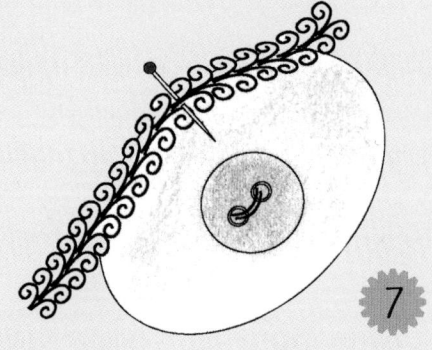

8. Auf diese Steppnähte das Rüschenband von
Hand annähen.

9. Aus dem Filzrest ein Oval zuschneiden und
eventuell mit einem Vlieselinerest bekleben.
Das Zierband von Hand annähen, an der unte-
ren Kante zu einer Schleife formen. (Abb. 7)
Das Filzornament mittig auf die Tasche nähen.
Dann den Knopf annähen.

10. Die 3 Lederbänder durch
die D-Ringe ziehen, 2 cm breit
umschlagen und sorgfältig
feststeppen. (Abb. 8)

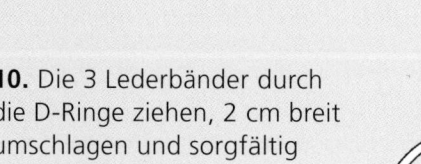

Elegantes Schminktäschchen

Maße
21 cm x 23 cm

Das haben Frauen gerne zur Hand – ein elegantes Schminktäschchen. Optimal dafür ist Wachstuch, doch auch aus Stoff lässt es sich leicht fertigen. Dafür empfiehlt es sich, das Täschchen zu füttern und die linke Stoffseite mit Vlieseline oder Volumenvlies zu verstärken.

Material
Wachstuch
Reißverschluss 20 cm
Glöckchen

Zuschnitt
Vorder-/Rückseite
1-mal 23 cm x 40 cm
Vorder-/Rückseite (Blende)
2-mal 23 cm x 4,5 cm
Glöckchenband
1-mal 3,7 cm x 8 cm
Trageschlaufe
1-mal 3,7 cm x15 cm

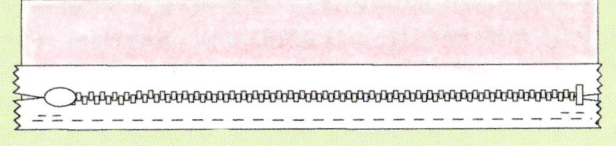

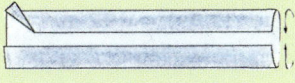
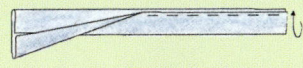

So wird's gemacht

1. Den Reißverschluss mit der Vorderseite auf die rechte Seite der beiden Blenden steppen. (Abb. 1)

2. Für die Schlaufen und das Glöckchenband die Wachstuchstreifen an den langen Seiten 0,7 cm breit nach links legen, mit dem Fingernagel glattstreichen, anschließend zur Mitte falten und ringsum nochmals absteppen. (Abb. 2)

Gewusst wie

Wachstuch lässt sich nur bedingt bügeln, daher eine Bügelprobe mit einem Bügeltuch durchführen. Das Bügeleisen auf eine niedrige Temperatur einstellen. Sollte das Bügeln nicht möglich sein, die Nähte mit dem Fingernagel oder der Schere glattstreichen. Sie können natürlich auch alle Nähte nach dem Zusammennähen nochmals von der rechten Seite absteppen.

3. Das Glöckchen durch das kurze Band ziehen und mittig an die untere Kante der Blende steppen (0,5 cm breit). Das lange, ebenfalls zur Hälfte gefaltete Band innerhalb der Nahtzugabe als Trageschlaufe annähen. (Abb. 3)

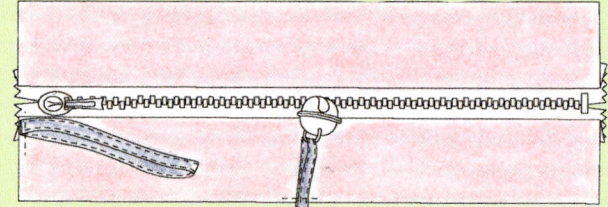

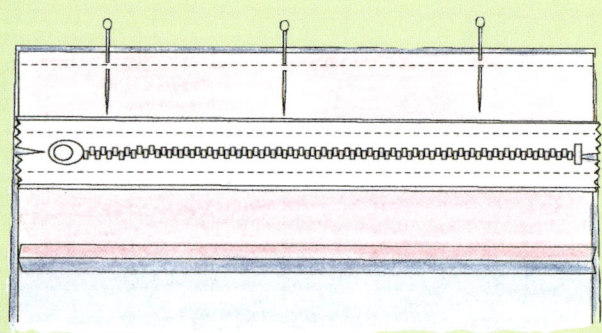

4. Nun das untere Taschenteil rechts auf rechts an die beiden Blendenteile nähen. Die Nahtzugaben glattstreichen. (Abb. 4)

5. Dann die beiden Seitennähte zusammennähen. Den Reißverschluss zuvor öffnen, damit Sie das Schminktäschchen wenden können. Die Nähte glattstreichen und das Täschchen wenden. (Abb. 5)

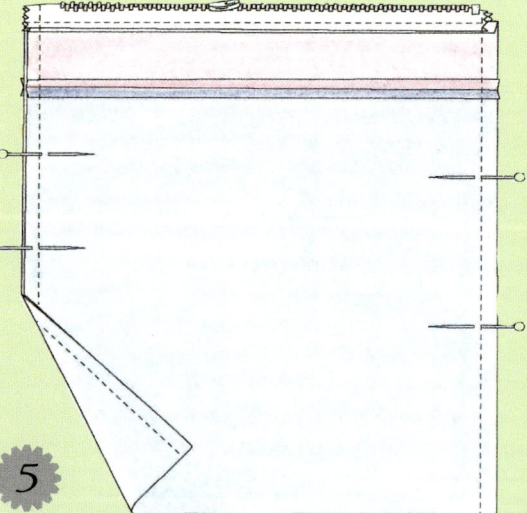

Kulturtasche mit Chic

Maße
25 cm x 23 cm

Reisetasche, Wäschebeutel und Kulturtasche – alles aus einem Guss! Ein perfektes Trio, das sich sehen lassen kann. Dünne Stoffe sollten unbedingt mit Vlieseline verstärkt werden; auf das Kulturtäschchen wurde Volumenvlies aufgebügelt.

Material

Baumwollstoff
Baumwollfutter
Volumenvlies, aufbügelbar
Wäschereißverschluss 30 cm
Zierlitze 60 cm

Zuschnitt

oberes Taschenteil, unteres Taschenteil aus Stoff, Futter, Volumenvlies
2-mal (Schnittmuster S. 94)
Zierlitzen 2-mal 30 cm

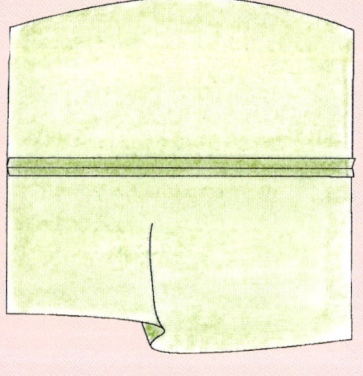

So wird's gemacht

1. Die Zuschnitte aus Volumenvlies auf die Rückseite der entsprechenden Teile aus Oberstoff bügeln. Hierzu ein Bügeltuch benutzen.

2. Oberes und unteres Taschenteil jeweils rechts auf rechts aufeinandersteppen und die Nahtzugaben auseinanderbügeln. (Abb. 1)

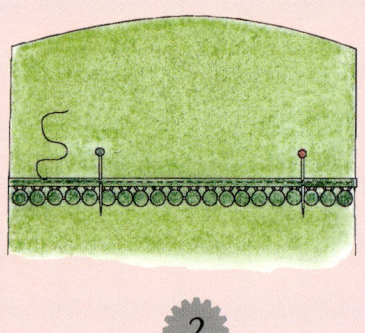

3. Auf die Teilungsnaht die Zierlitze nähen. (Abb. 2)

4. Den Reißverschluss an die rechten Seiten der Oberteile steppen und auf die passende Länge kürzen. Anfang und Ende festriegeln. (Abb. 3) Den Reißverschluss öffnen.

Gewusst wie

Sie können den Stoff mit dem Volumenvlies mit diagonalen Nähten im Abstand von 2 cm absteppen. Der plastische Effekt wird durch das Absteppen im rechten Winkel zu den Steppnähten noch verstärkt.

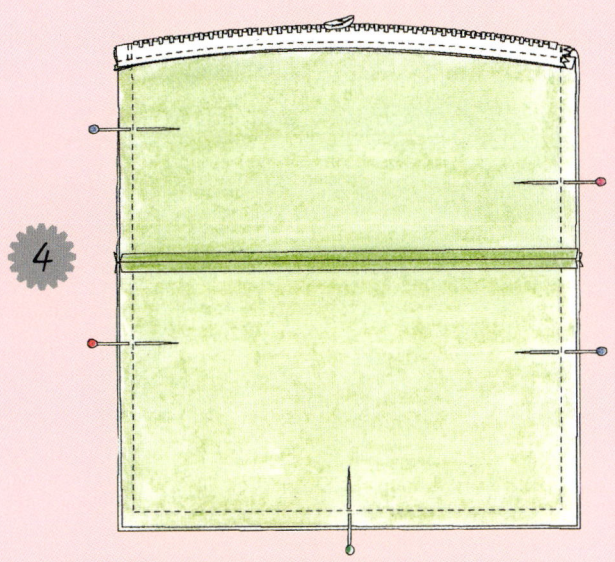

5. Die beiden Taschenhälften rechts auf rechts aufeinandersteppen – von Reißverschluss zu Reißverschluss. (Abb. 4) Die Nahtzugaben auseinanderbügeln.

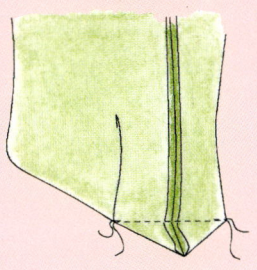

6. Nun die Ecken abnähen. Dazu die Seitennähte rechts auf rechts mit Nadeln kantengleich auf der unteren Taschennaht feststecken und die Ecken 4 cm breit absteppen. (Abb. 5) Die Tasche wenden.

7. Die Futtertasche nähen. Die beiden Taschen ineinanderziehen, die linken Stoffseiten liegen aufeinander. Die Nahtzugabe des Futters entlang des Reißverschlusses nach links einschlagen und von Hand an das Reißverschlussband nähen.

Reisetasche mit Stil

Maße
65 cm x 45 cm

Praktischer Chic – eine Reisetasche als treuer Reisebegleiter für viele Jahre. Etwas Mühe, wie beim Reisen, ist schon erforderlich, doch ein Aufwand, der sich lohnt.

Material

Baumwollstoff
Baumwollfutter
Volumenvlies
feste Vlieseline
2 D-Ringe, teilbar, 5 cm breit
Längenversteller 4 cm breit
Mini-Bommellitze 1,25 m
Wäschereißverschluss 85 cm
Ledergriffe ca. 70 cm
Papprest
Klarsichtfolie
Sprühkleber/Flüssigkleber

Zuschnitt

aus Stoff, Futter und Volumenvlies
• Vorder-/Rückseite 2-mal 60 cm x 38 cm
• aufgesetzte Tasche
  1-mal 60 cm x 20 cm
aus Stoff, Futter, Vlieseline
• Bodenteil 1-mal 20 cm x 65 cm
• Seitenteile 2-mal 22 cm x 27 cm (Schnittmuster S. 95)
• Oberes Taschenteil (Reißverschluss) 2-mal 7 cm x 83 cm
Reißverschlussblende 2-mal 13,5 cm x 6 cm aus Stoff
Stoffstreifen, aufgesetzte Tasche 1-mal 60 cm x 4 cm
Stoffstreifen (D-Ringe) 2-mal 10 cm x 9 cm
Schulterriemen 1-mal 9 cm x 1,50 m aus Stoff, Vlieseline

Adressschild
dünner Papprest 13 cm x 8,5 cm
(Schnittmuster S. 95)
Stoffrest 15 cm x 10,5 cm
Volumenvlies 13 cm x 8,5 cm
Klarsichtfolie 6 cm x 11 cm

So wird's gemacht

1. Vorder- und Rückseite und die aufgesetzte Tasche werden wattiert (siehe Zuschnitt). Stecken Sie den Stoff mit der linken Seite auf das Volumenvlies. Dann den Stoff mit diagonalen oder parallel zur Stoffkante verlaufenden Nähten im Abstand von 3 cm absteppen. Der plastische Effekt kann durch das Absteppen im rechten Winkel zu den Steppnähten noch verstärkt werden. (Abb. 1) Alle übrigen Schnittteile mit Vlieseline bekleben.

Gewusst wie

Aufgrund der Taschengröße werden die Schnittteile zunächst grob zugeschnitten und die Ecken mit einem Gegenstand abgerundet. Die Länge des Bodenteils ermitteln Sie durch das Zusammenstecken der Schnittteile.

Lange Reißverschlüsse sind meist sehr teuer und häufig nicht in der gewünschten Farbe und Länge erhältlich. In Kurzwarenläden gibt es Wäsche- oder Endlosreißverschlüsse sich auf die gewünschte Länge zuschneiden lassen.

2. Das Futterschnittteil für die aufgesetzte Tasche links auf links auf den Oberstoff stecken und ringsum knappkantig feststeppen (3 mm Nahtbreite). Die obere Kante wird verstürzt. Dazu den Stoffstreifen rechts auf rechts an die obere Kante steppen, nach hinten umschlagen und ca. 2 cm breit feststeppen. (Abb. 2, 3)

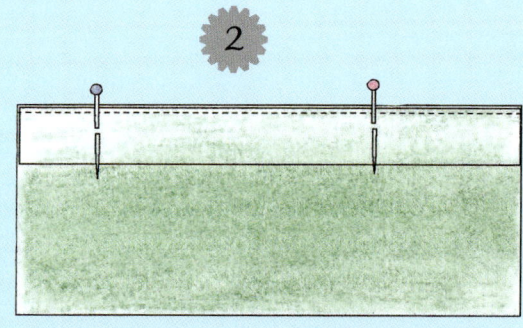

3. Für das Adressschildchen die Pappe mit Volumenvlies bekleben. Das Volumenvlies mit Sprühkleber benetzen und den Stoffrest mittig darüber festkleben. Den Baumwollstoff in der Mitte des Schildes soweit wegschneiden, dass er ringsum ca. 1–1,5 cm breiter ist als die Pappe. Die Ecken schräg einschneiden. Dann den überstehenden Stoff an allen Außen- und Innenkanten stramm nach hinten ziehen und festkleben. Die Folie mit Flüssigkleber auf die Rückseite des Schildchens kleben. Die Bommellitze ringsum feststeppen, gegebenenfalls von Hand aufnähen.

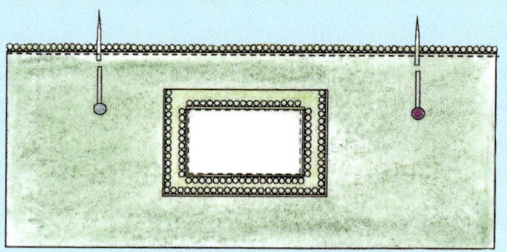

4. Das Namensschildchen mittig auf die Vorderseite der Tasche steppen, die obere Kante offen lassen. Die Bommellitze an den drei geschlossenen Seiten annähen. (Abb. 4)

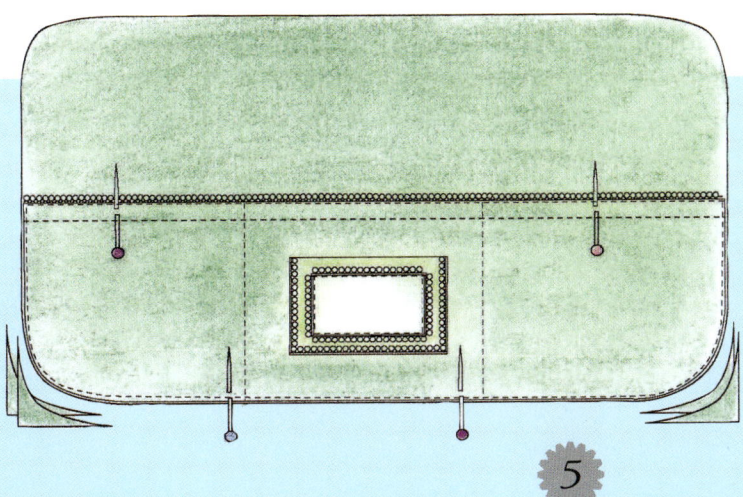

5

5. Die aufgesetzte Tasche nun kantengleich auf das vordere Taschenteil stecken und die Kanten abrunden. Für die oberen Rundungen können Sie eine Schale, für die unteren Ecken eine Tasse nehmen. Die abgerundeten Kanten ca. 2 mm breit aufeinandersteppen. Ebenso die aufgesetzte Tasche durch zwei senkrechte Nähte unterteilen. (Abb. 5)

6. Den Reißverschluss jeweils mit der rechten Seite auf die rechten Seiten der Stoffstreifen steppen, hierzu einen Reißverschlussfuß einsetzen. Der Reißverschluss sollte nach dem Annähen der Stoffstreifen maximal 1,3 cm sichtbar sein. (Abb. 6)

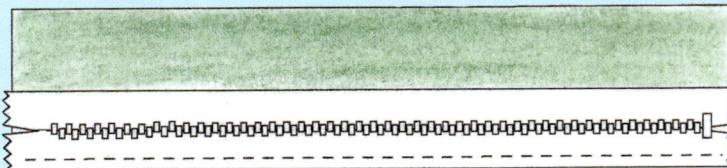

7. Die Stoffstreifen für die D-Ringe an den langen Seiten 1 cm nach links umbügeln, dann zur Hälfte falten und den Stoffstreifen nun durch den D-Ring ziehen. (Abb. 7) Die Reißverschlussblenden links auf links bügeln und zusammen mit dem D-Ring auf dem Reißverschlussteil feststecken. (Abb. 8)

8. Die beiden Seitenteile rechts auf rechts an das Reißverschlussteil steppen, die Naht nochmals von der Vorderseite absteppen. (Abb. 9)

9. Nun das Bodenteil an nur eine Seite des Seitenteils nähen, die andere Seite bleibt offen. (Abb. 10)

10. Die Mittellinien an Vorder- und Rückseite sowie die Mitte am Reißverschlussteil markieren. Die Schnittteile an diesen Markierungen mit Nadeln aufeinanderstecken. Dann alle Seitenteile ringsum rechts auf rechts am Vorderteil feststecken. Das Bodenteil wird nun etwas zu lang sein. Die überschüssige Länge abschneiden, Nahtzugabe beachten. Haben Sie die exakte Länge des Bodenteils bestimmt, nähen Sie nun alle Teile an die Vorderseite der Tasche. Diesen Arbeitsgang ebenso mit dem rückwärtigen Taschenteil durchführen. (Abb. 11)

11. Alle Futterteile wie oben beschrieben zusammennähen und links auf links in die Tasche ziehen. Die Nahtzugabe entlang des Reißverschlusses nach links einschlagen und mit kleinen Handstichen am Reißverschlussband festnähen.

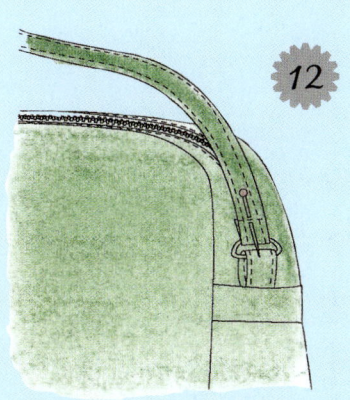

12. Den Tragegurt an den langen Seiten 1 cm nach links bügeln, dann zur Hälfte falten und die Kanten knappkantig von der rechten Seite absteppen. Eine Seite des Tragegurtes durch den D-Ring ziehen, zunächst 1 cm nach links einschlagen, dann nochmals 2–3 cm nach innen einschlagen und feststeppen. (Abb. 12) Die andere Seite des Streifens von unten über den Mittelsteg des Längenverstellers ziehen, dabei an der gegenüberliegenden Seite den Tragegurt wieder herausführen. Dann durch den D-Ring ziehen und wieder von unten über den Mittelsteg des Längenverstellers führen. Nun die schmale Kante zunächst 1 cm, dann 4 cm nach links einschlagen und feststeppen.

13. Die Ledergriffe 16 cm von den Seitennähten entfernt von Hand außen an der Tasche annähen.

Wäschebeutel im Set

Maße
29 cm x 34 cm

Passend zum Kulturbeutel und zur Reisetasche lässt sich dieser Wäschebeutel schnell aus Stoffresten nähen. Verwenden Sie den Beutel als Schuhbeutel, dann sollten Sie ab Schuhgröße 45 vor allem in der Länge etwas Stoff zugeben!

Material

Baumwollstoff
Kordel 1 m
Zackenlitze 1,5 cm x 60 cm
Bommellitze 60 cm

Zuschnitt

Vorder-/Rückseite
2-mal 32 cm x 42 cm
Stoffstreifen (Tunnel)
2-mal 6 cm x 30 cm
Zackenlitze 2-mal 30 cm
Bommellitze 2-mal 30 cm

So wird's gemacht

1. An Vorder- und Rückseite des Wäschebeutels den angeschnittenen Beleg 5 cm nach links umbügeln. (Abb. 1)

2. Den Beleg wieder aufklappen und die beiden Beutelteile rechts auf rechts aufeinandersteppen. Die Nahtzugaben auseinanderbügeln und den Beutel wenden. (Abb. 2)

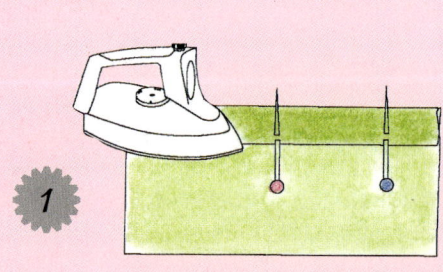

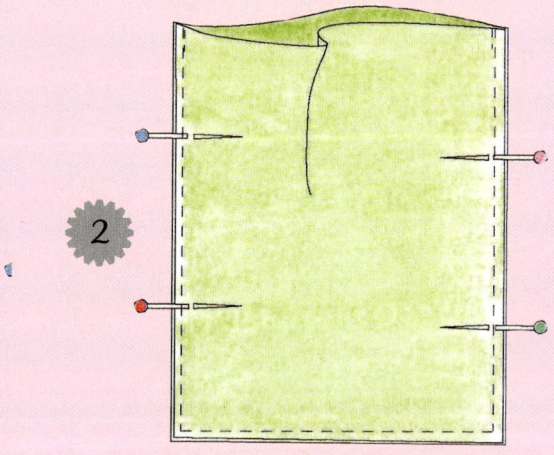

Gewusst wie

Bommellitzen und Zackenlitzen sind in unterschiedlichen Breiten und Farben erhältlich. Häufig ist es schwierig den gleichen Farbton zu finden, wählen Sie dann Kontrastfarben.

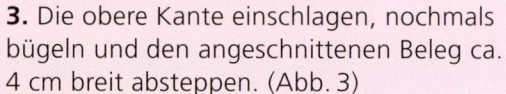

3. Die obere Kante einschlagen, nochmals bügeln und den angeschnittenen Beleg ca. 4 cm breit absteppen. (Abb. 3)

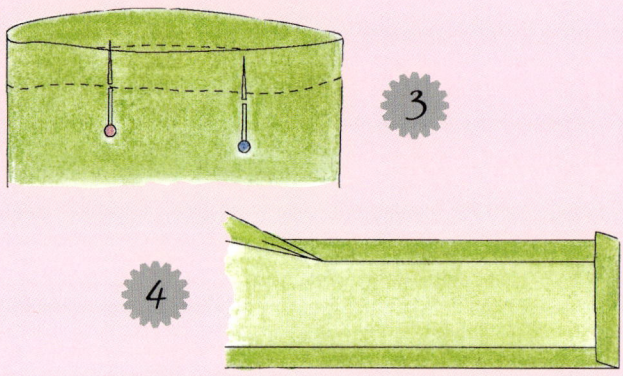

4. Die Stoffstreifen für den Tunneldurchzug zunächst an den langen Seiten, anschließend auch an den Schmalseiten 1 cm nach links umbügeln. Die Schmalseiten knappkantig absteppen. (Abb. 4)

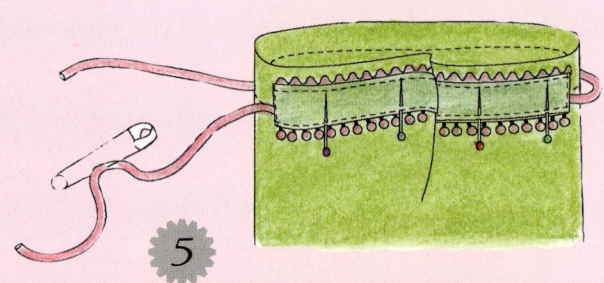

5. Die beiden Schnittteile für den Tunneldurchzug 3,5 cm von der oberen Kante entfernt mittig auf die beiden Beutelteile nähen. Darunter am oberen Rand die Zacken- und am unteren Rand die Bommellitze befestigen. Das Ganze feststeppen. Achten Sie darauf, dass die beiden Litzen unter der Kante liegen, also beim Feststeppen mitgefasst werden. (Abb. 5)

6. Mit einer Sicherheitsnadel die Kordel einziehen. Beginnen Sie auf einer Seite des Beutels, führen Sie die Kordel ringsum durch beide Tunnelteile und an der Einschubseite auch wieder heraus. Die Kordelenden verknoten.

Rote Filztasche

Maße
26 cm x 42 cm

Ein Taschen-»Rohling«, der viel Raum für individuelle Gestaltungsmöglichkeiten bietet. Verleihen Sie einer fertigen Filztasche, in Bastelgeschäften oder Stoffläden erhältlich, mit Phantasie Ihre individuelle Note.

Material

Filztasche
folgendes Material auf die Taschengröße abstimmen
Applikation
Schrägband, vorgefalzt
Rüschenband
kariertes Band
Glöckchen

So wird's gemacht

Fassen Sie die Kanten der Taschenklappe mit Schrägband ein. Messen Sie die komplette Länge aus und nähen Sie gegebenenfalls zwei Streifen zusammen. Zum Einfassen der Kanten gibt es zwei Methoden. Welche Sie auch wählen, achten Sie darauf, dass die breitere Seite immer unten liegt, also beim Feststeppen mitgefasst wird.

Methode 1: Das vorgefalzte Schrägband aufklappen, mit Nadeln rechts auf rechts an die Taschenkante stecken und innerhalb der Bruchlinie festnähen, Bandanfang und -ende nach links einschlagen. Dann den Stoffstreifen um die Kante legen und entweder von Hand oder mit der Maschine festnähen. (s.Seite 10)

Methode 2: Geübte Näherinnen hingegen schieben das vorgefalzte Stoffband über die offene Stoffkante (die breite Seite liegt unten) und steppen den Schrägstreifen von oben fest. Es empfiehlt sich, das Schrägband an den Rundungen vor dem Aufnähen bereits in Form zu bügeln. Bandanfang und -ende werden nach links eingeschlagen.

Gewusst wie

Mit Nähmaschinen mit Stickfunktion lassen sich Namen und verschiedenste Motive aufsticken und somit aparte Applikationen fertigen.

Applikation anbringen

1. Für die Applikation den äußeren Rand ausmessen. Das Rüschenband in dieser Länge plus 2 cm Nahtzugabe zuschneiden, zu einem Ring zusammennähen, unter die Applikation legen und annähen. Vom karierten Band 7 cm abschneiden und durch die Ösen des Glöckchens ziehen.

2. Das Glöckchen an der unteren Kante der Applikation befestigen.

3. Nun die Applikation aufbügeln oder festnähen. Ganz zum Schluss aus kariertem Band eine kleine Schleife binden und mit einigen Handstichen festnähen.

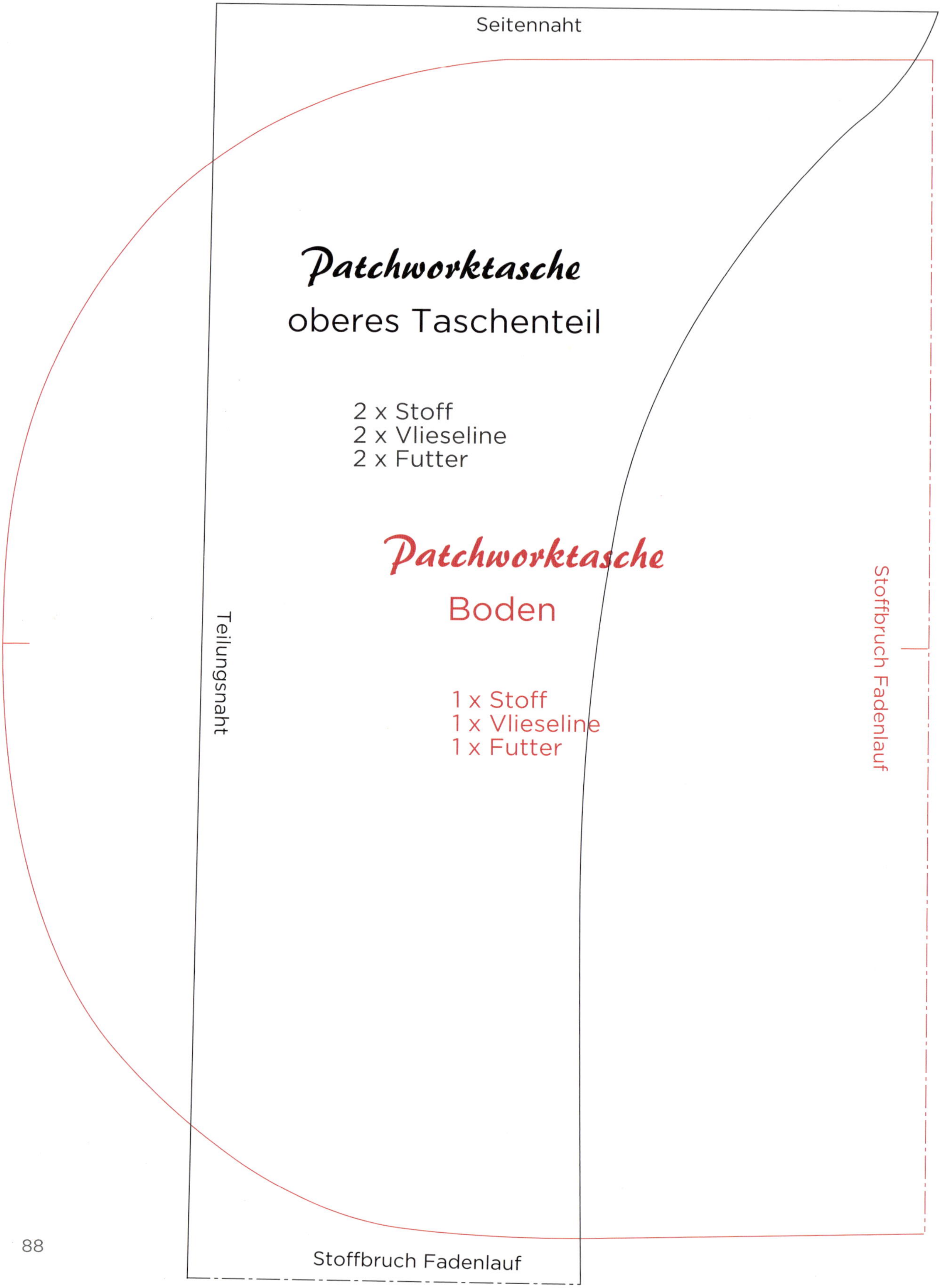
Seitennaht
Patchworktasche
oberes Taschenteil
2 x Stoff
2 x Vlieseline
2 x Futter
Patchworktasche
Boden
1 x Stoff
1 x Vlieseline
1 x Futter
Teilungsnaht
Stoffbruch Fadenlauf
Stoffbruch Fadenlauf

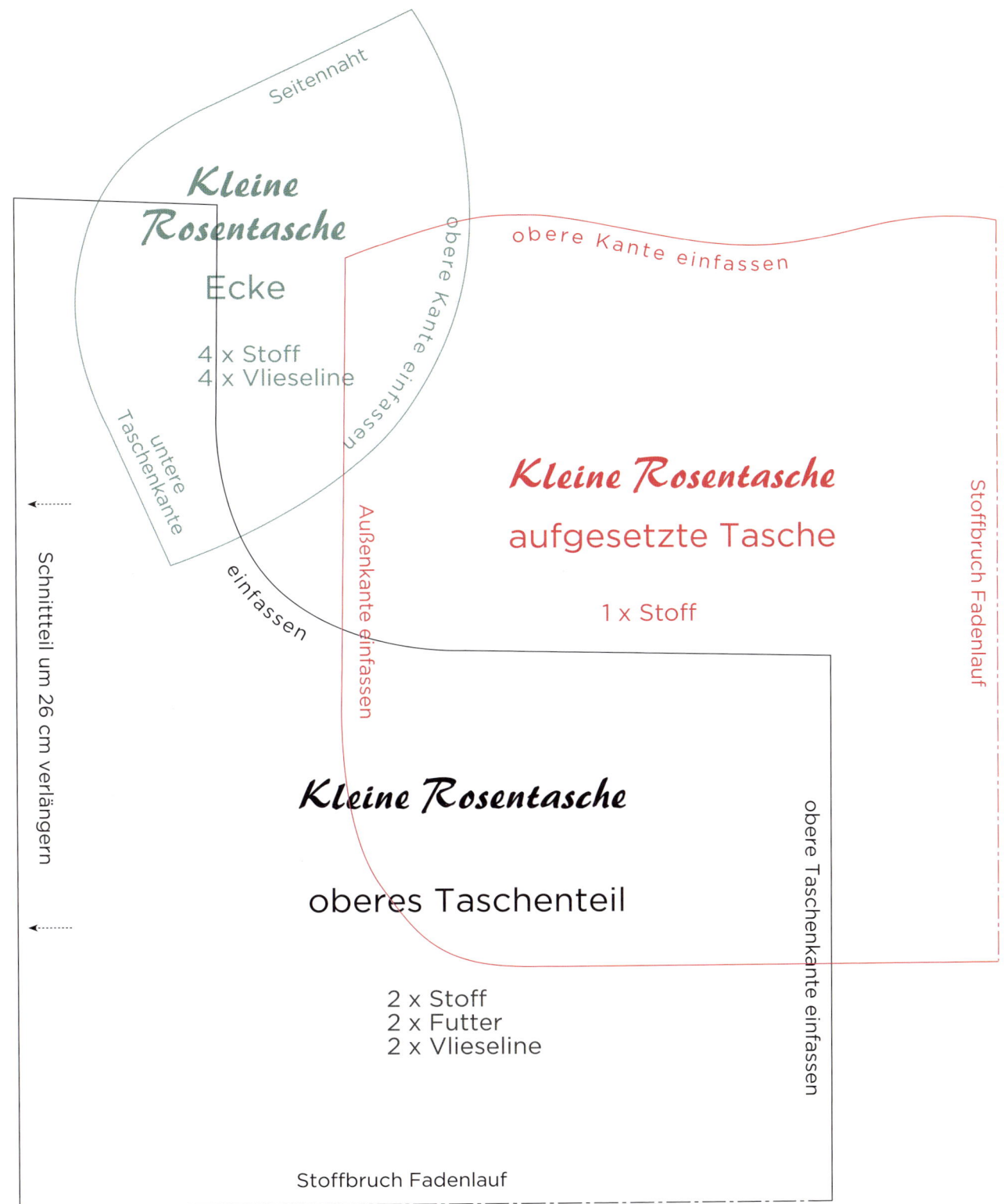

Seitennaht

Kleine Rosentasche

Ecke

4 x Stoff
4 x Vlieseline

untere Taschenkante

einfassen

obere Kante einfassen

obere Kante einfassen

Außenkante einfassen

Kleine Rosentasche

aufgesetzte Tasche

1 x Stoff

Stoffbruch Fadenlauf

Schnittteil um 26 cm verlängern

Kleine Rosentasche

oberes Taschenteil

obere Taschenkante einfassen

2 x Stoff
2 x Futter
2 x Vlieseline

Stoffbruch Fadenlauf

Teilungsnaht

Handtasche mit Holzgriffen

unteres Schnittteil

2 x Stoff

Seitennaht

Stoffbruch Fadenlauf

Stoffbruch Fadenlauf

Handtasche mit Holzgriffen

oberes Taschenteil

1

ansetzen

1

Ansatz Boden

Seitennaht

2 x Stoff
2 x Beleg
2 x Vlieseline

2

Teilungsnaht

2

90

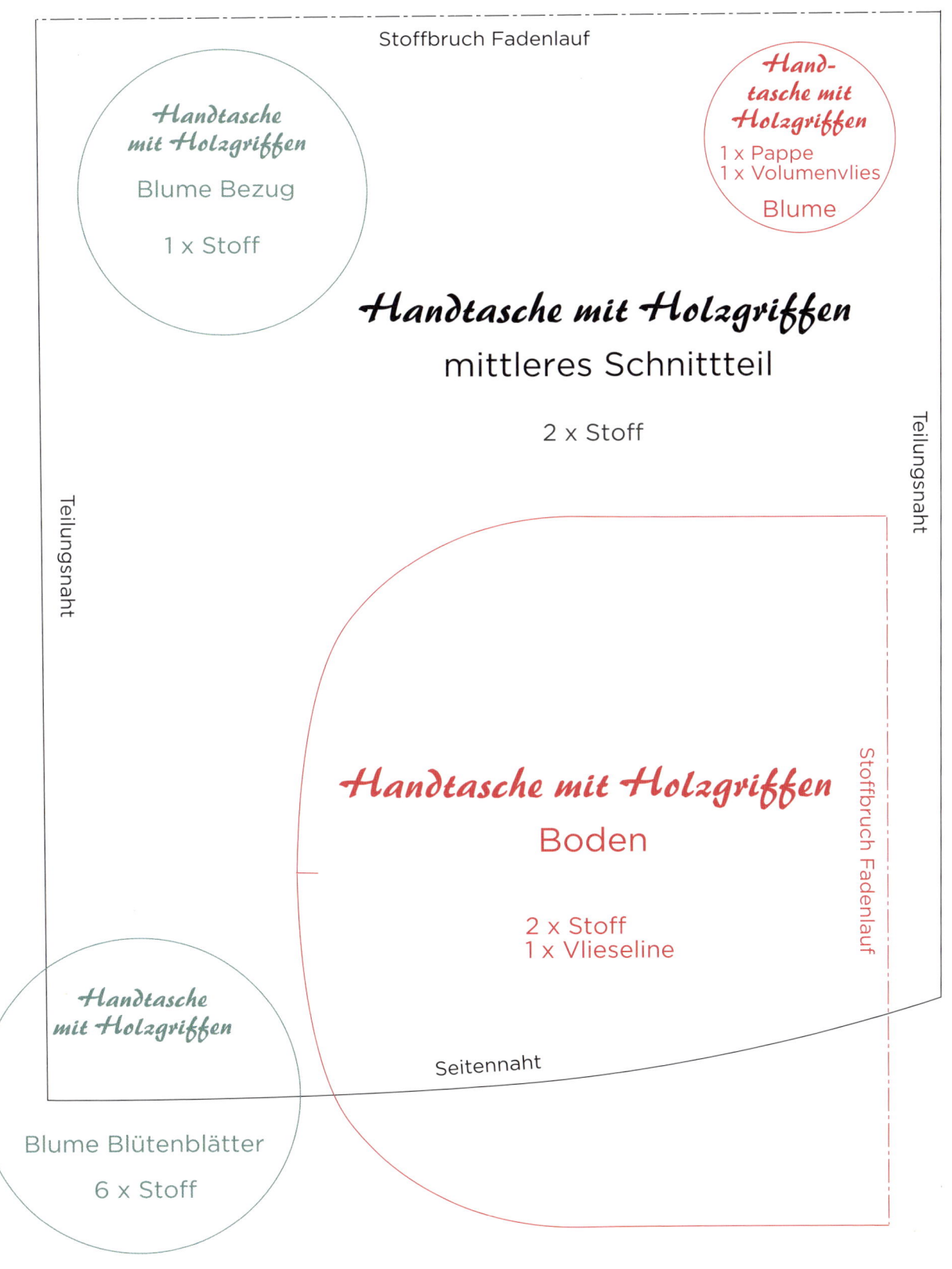

Stoffbruch Fadenlauf

Handtasche mit Holzgriffen

Blume Bezug

1 x Stoff

Hand-tasche mit Holzgriffen

1 x Pappe
1 x Volumenvlies

Blume

Handtasche mit Holzgriffen

mittleres Schnittteil

2 x Stoff

Teilungsnaht

Teilungsnaht

Handtasche mit Holzgriffen

Boden

2 x Stoff
1 x Vlieseline

Stoffbruch Fadenlauf

Handtasche mit Holzgriffen

Blume Blütenblätter

6 x Stoff

Seitennaht

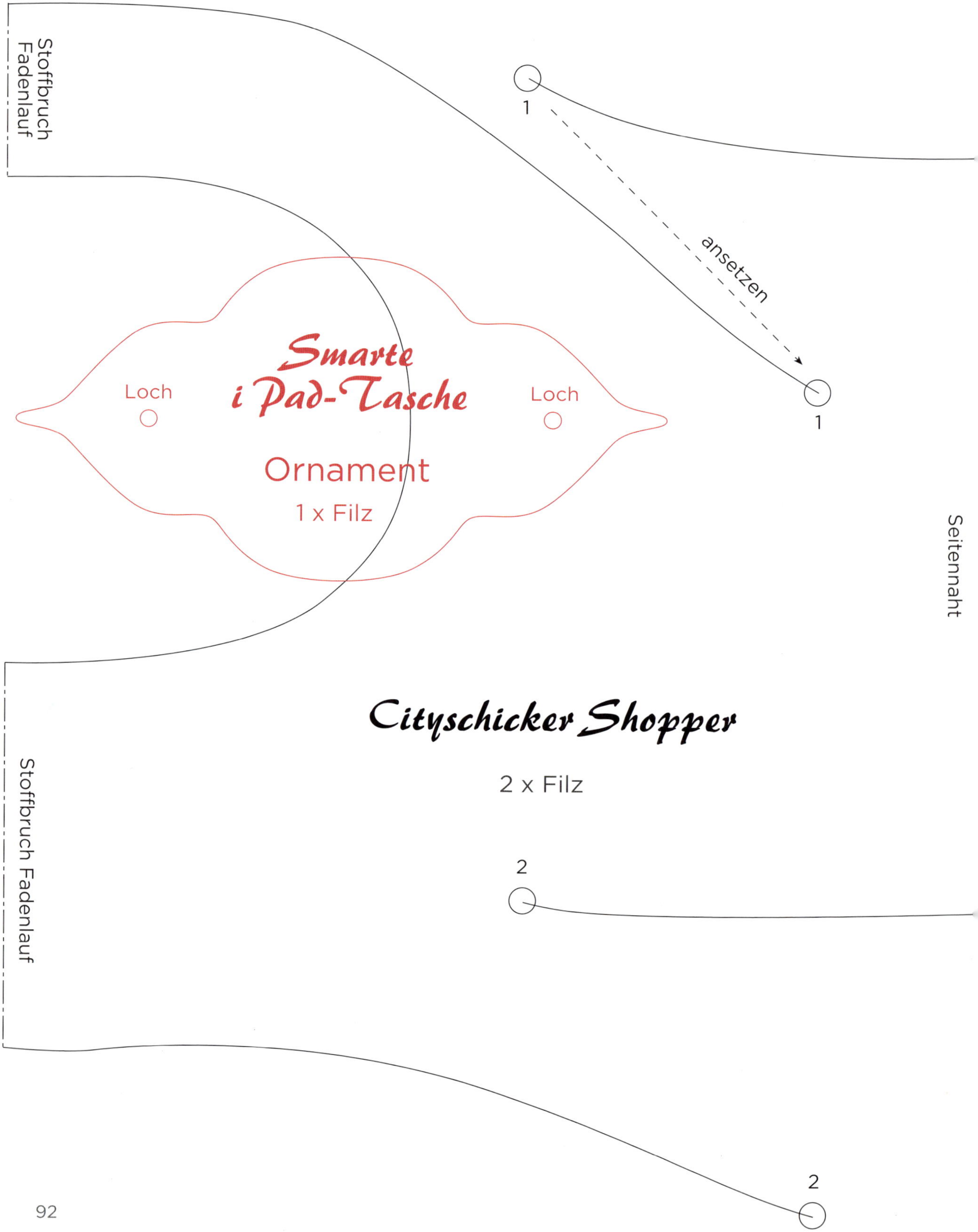

Stoffbruch
Fadenlauf

1

ansetzen

1

Seitennaht

Loch

Smarte
i Pad-Tasche

Loch

Ornament

1 x Filz

Cityschicker Shopper

2 x Filz

Stoffbruch Fadenlauf

2

92

2

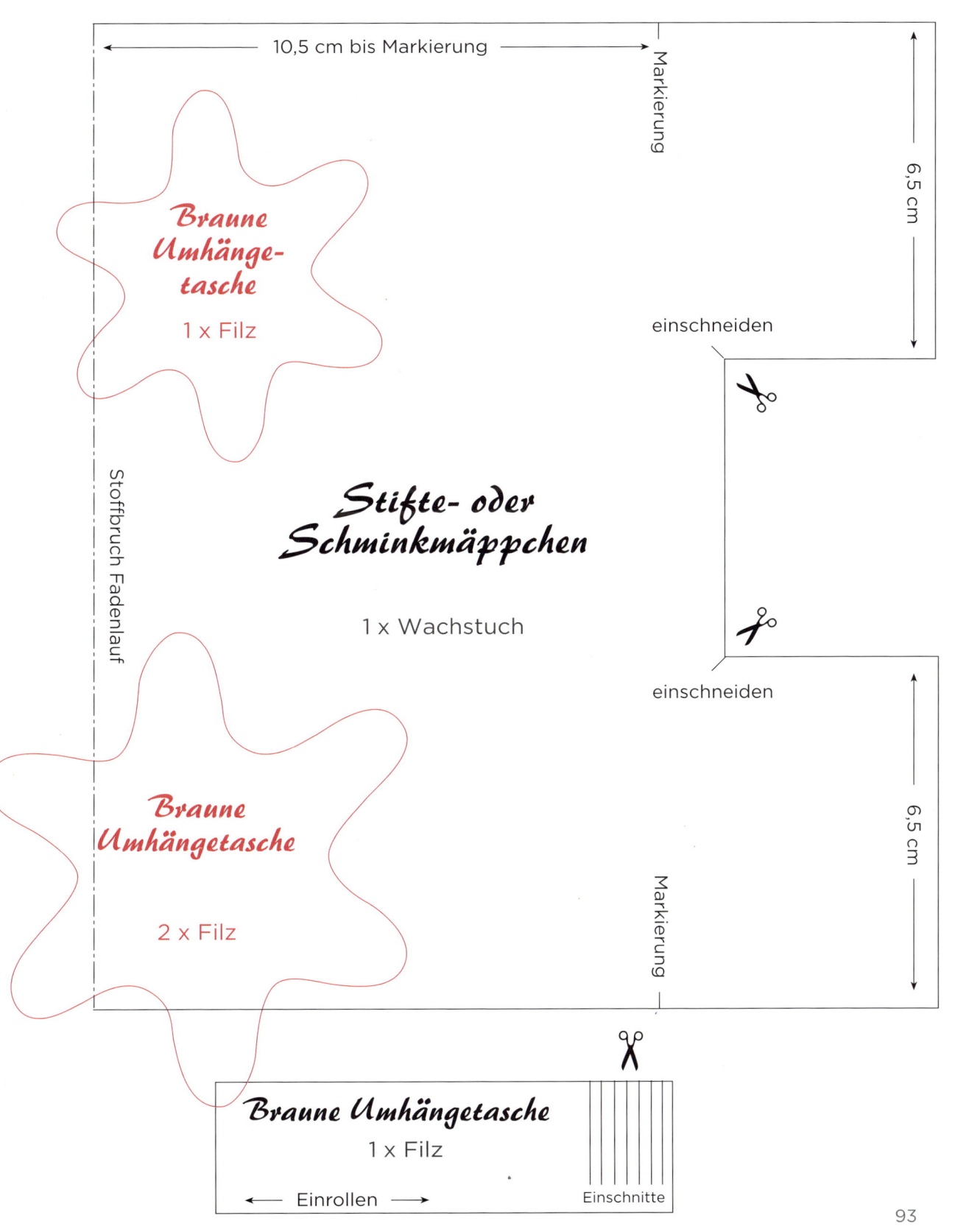

10,5 cm bis Markierung

Markierung

6,5 cm

einschneiden

Braune Umhänge-tasche

1 x Filz

Stoffbruch Fadenlauf

Stifte- oder Schminkmäppchen

1 x Wachstuch

einschneiden

Braune Umhängetasche

2 x Filz

Markierung

6,5 cm

Braune Umhängetasche

1 x Filz

Einrollen

Einschnitte

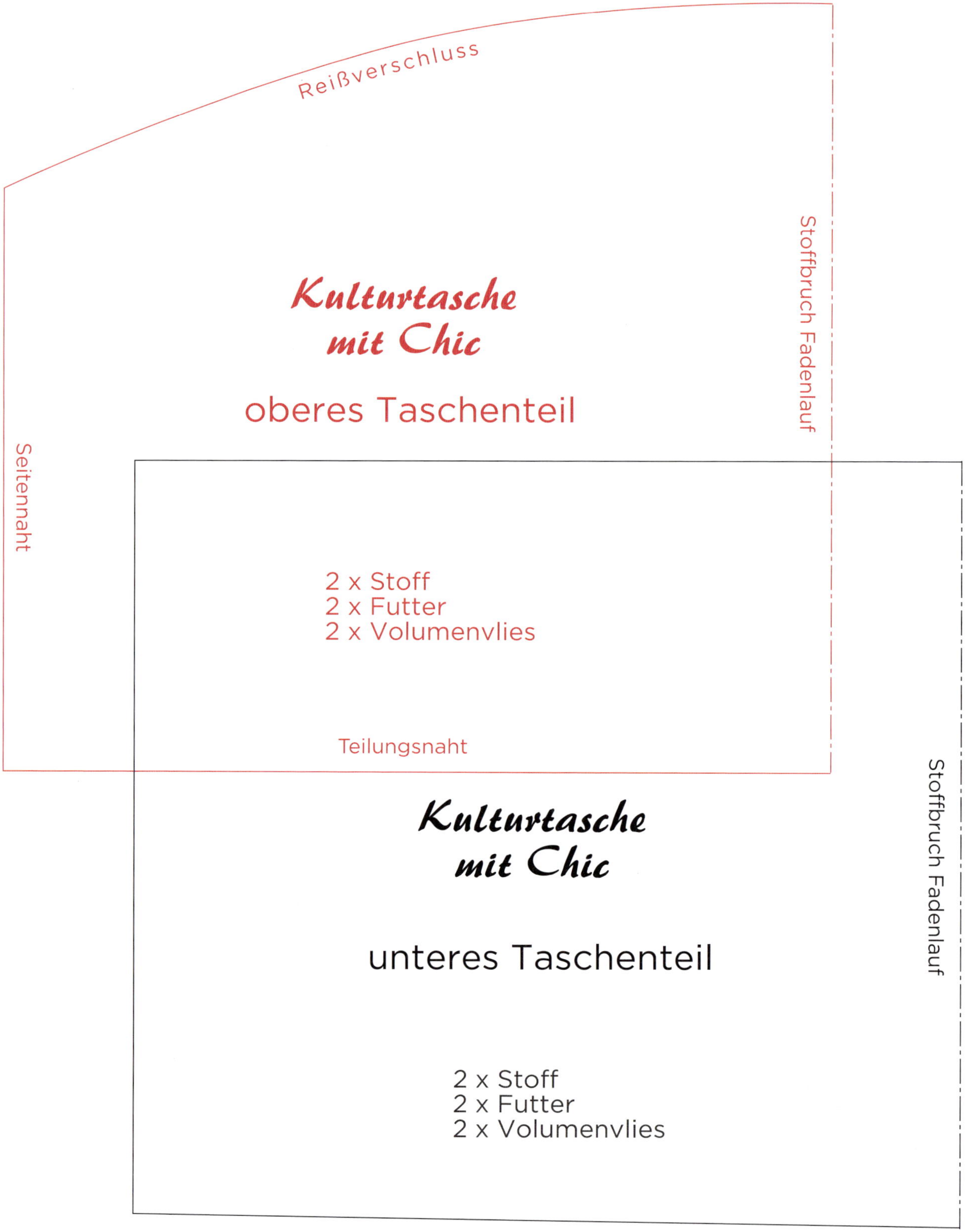

Reißverschluss

Stoffbruch Fadenlauf

Kulturtasche mit Chic

oberes Taschenteil

Seitennaht

2 x Stoff
2 x Futter
2 x Volumenvlies

Teilungsnaht

Kulturtasche mit Chic

unteres Taschenteil

Stoffbruch Fadenlauf

2 x Stoff
2 x Futter
2 x Volumenvlies

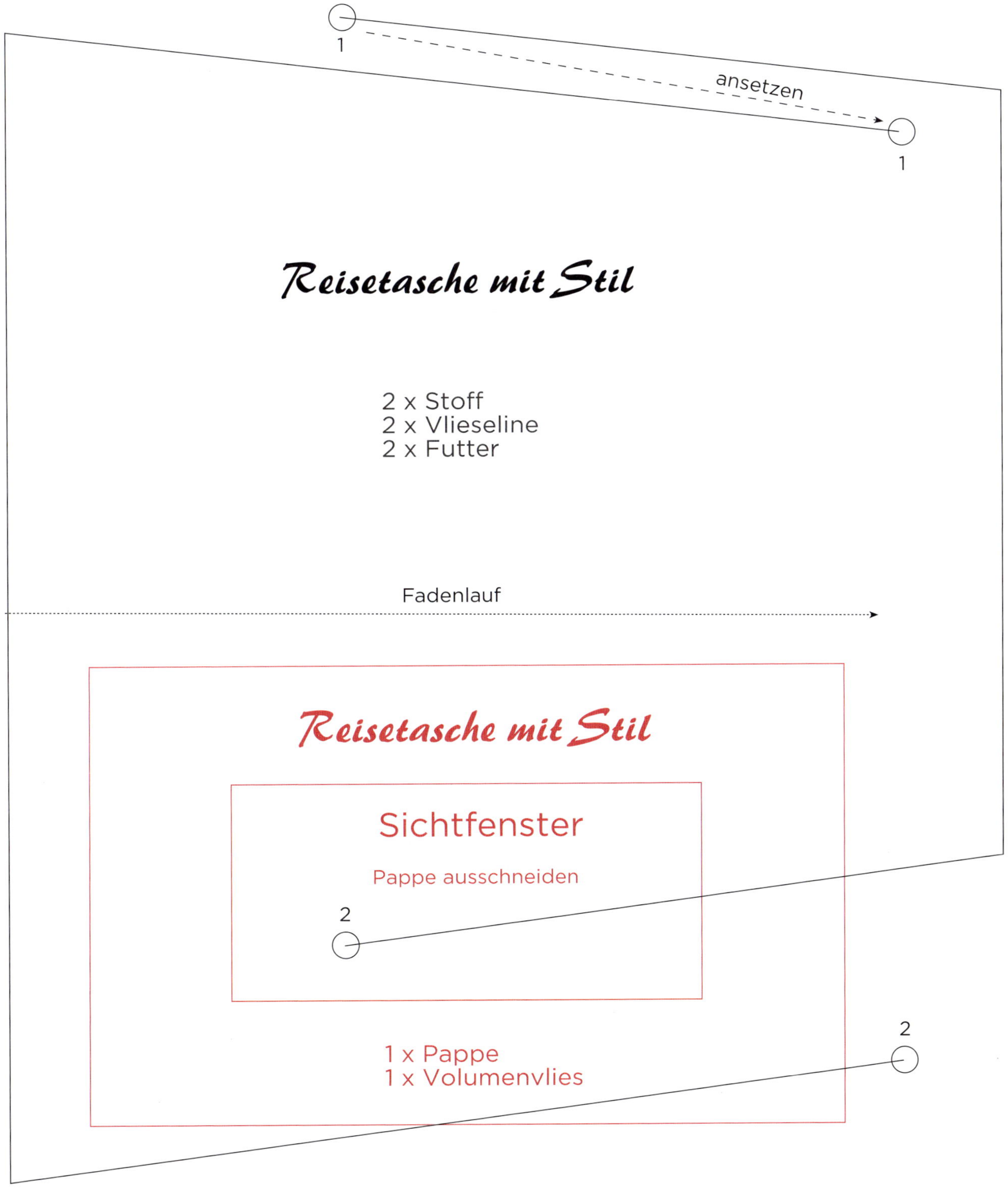

1

ansetzen

1

Reisetasche mit Stil

2 x Stoff
2 x Vlieseline
2 x Futter

Fadenlauf

Reisetasche mit Stil

Sichtfenster

Pappe ausschneiden

2

1 x Pappe
1 x Volumenvlies

2

Bezugsquellen

Kaufhäuser
Viele Kaufhäuser haben in den letzten Jahren ihre Stoffabteilungen vergrößert und bieten neben Standardstoffen auch allerlei Accessoires zum Basteln, Nähen und Handarbeiten an.

idee
idee creativmärkte gibt es in vielen größeren Städten. Hier findet man alles, was das kreative Herz begehrt, gleich ob verschiedenartige Bänder, Applikationen aus Stoff und aparte Accessoires.
www.idee-shop.de

Coats
Die Firma Coats stellt Handarbeitsmaterialien her. Neben einer breiten Palette von Garnen jeglicher Art vertreiben sie auch Lifestyle-Stoffe von amerikanischen Designern.
www.coatsgmbh.de

VBS
Der VBS Hobby-Versand deckt alle kreativen Sparten ab. VBS bietet auch Stoffe und dazu farblich passende Bänder an sowie diverses Zubehör zum Taschennähen an.
www.vbs-hobby.com

Ikea
Ikea bietet in seiner Stoffabteilung farbenfrohe Stoffe. Dekostoffe eignen sich zum Nähen von Taschen besonders gut, da sie aus festerem Material hergestellt und somit robuster sind.

Dawanda
Dawanda ist nicht nur die Plattform der Kreativen, die hier ihre Produkte anbieten, sondern auch eine Bezugsquelle für aparte Stoffe, Bänder und Accessoires. Lassen Sie sich in jeder Hinsicht inspirieren.
www.dawanda.com

Holländischer Stoffmarkt
Der Holländische Stoffmarkt ist der Geheimtipp für alle, die farbenfrohe Stoffe lieben. Diese Märkte finden in zahlreichen größeren Städten statt, die Termine findet man im Internet.
www.stoffmarktholland.de

Stoff & Stil
Die Firma Stoff und Stil bietet farbenfrohe Stoffe und ein großes Spektrum an Accessoires an.
www.stoffundstil.de